JUN ZI WEN HUA

—君子文化—

参加选著人员

王树森 李季林 牛永峰 陈婷婷

君子文化丛书

君子格言选释

JUN ZI GE YAN XUAN SHI

钱念孙 等 选著

黄山书社

君子：中华民族千锤百炼的人格基因（代序）

文化的重要功能是文以化人，其最深层的积淀和影响是对人格的培养。源远流长、博大精深的中国传统文化，在数千年漫长发展历程中不断塑造和培育的正面人格，或者说集体人格，就是被历代中华儿女广泛接受并尊崇的君子人格。

“君子”一词早在西周时期已经流行，主要是贵族和执政者的代称。到了春秋末期，孔子在构思和传布自己儒家学说时，对“君子”概念的内涵进行改造，赋予其许多优秀道德的意蕴，使其基本骨架、内在气质和俊彦风貌，在《论语》多视角的反复琢磨和刻画中脱颖而出，惊艳四方：“君子喻于义，小人喻于利”（《里仁》）；“君子坦荡荡，小人长戚戚”（《述而》）；“君子和而不同，小人同而不和”（《子路》）；“君子尊贤而容众，嘉善而矜不能”（《子张》）。如此等等，“君子”一词在《论语》里出现 109 次，是使用频率相当高的一个核心概念，由此足见孔子对君子人格的百般钟爱和悉心打造。如果说，孔子在构思和传扬儒家学说时，思考的轴心问题是探求如何立身处世，即如何做人的道理，那么他苦苦追寻的结果，或者说最终给出的答案，就是做人要做君子。

为了让世人认识和理解他所设计的君子人格，孔子睿智地在《论语》里采取比较排除法，同时论述了比君子高大的“圣人”和比君子矮小的“小人”。关于圣人，他对弟子把他奉为“圣人”的做法，表示不满和反对：“若圣与仁，则吾岂敢。”（《述而》）他还明确说，“圣人，吾不得而见之矣，得见君子者，斯可矣”（《述而》），意在表明君子并非让人高山仰止的圣人。关于小人，他在将其与君子进行的一系列对举和比照中予以贬责和否定，如“君子泰而不骄，小人骄而不泰”（《子路》）；“君子求诸己，小人求诸人”（《卫灵公》）；“君子成人之美，不成人之恶。小人反是”（《颜渊》）等等。这就告诉我们：君子一方面不是难以见到、难以企及、仰之弥高，乃至高不可攀的圣人，另一方面也与目光短浅、心胸狭隘、见利忘义、斤斤计较的小人判然有别。君子作为孔子心目中的崇德向善之人格，既理想又现实，既尊贵又亲切，既高尚又平凡，是可见、可感，又可学、可做，并应学、应做的人格范式。

孔子塑造的君子人格，伴随《论语》的流传而走入人们的心灵，可谓登高一呼，山鸣谷应。儒家学派的后继者如孟子、荀子等，对君子人格张扬申说，自不待言。“君子”一词，在《孟子》中出现82次、在《荀子》中出现304次，其推波助澜，可谓不遗余力。与儒家学派颇多论争的墨家学派和法家学派，对君子人格也欣赏有加，如墨子说“君子不义不富，不义不贵，不义不亲，不义不近”（《墨子·尚贤》）；韩非子说“君子不蔽人之美，不言人之恶”（《韩非子·内储说上》），等等，都是对君子人格的高度肯定。影响深远的道家学派，虽然诸多思想观念与儒家学派判然有别，但在如何看待君子人格这一点上，两者颇为一致。老子说：“兵者不祥之器，非君子之器，不得已而用之，恬淡为上，胜而不美。”（《老子第三十一章》）庄子说：“君子之交淡如水，小人之交甘若醴；君子淡以亲，小人甘以绝。”（《庄子·山木》）他还说：“以仁为恩，以义为理，以礼为行，以乐为和，熏然慈仁，谓之君子。”（《庄子·天下》）凡此种种，无不表明道家学派对君子人格的认同和称许。至于被誉为“群经之首”的《周易》，更是对君子人格赞不绝口，推崇备至。《周易》64卦爻辞中，36卦爻辞都谈到君子，其中广为人知的名句“天行健，君子以自强不息”（乾卦），“地势坤，君子以厚德载物”（坤卦），张岱年等国学大师认为，这是对君子形象的生动描绘，也是对中华民族精神的最佳概括。

儒家学说乃至整个中华传统文化，很重要的内容是阐扬仁、义、礼、智、信，以及忠、孝、廉、悌等众多为人处世的伦理和规范。这些伦理规范或者说美好品德，最终都聚集、沉淀、融入和升华到一个理想人格即君子身上。孔子被尊为“万世师表”、被誉为高于历代帝王的“素王”，最能体现其思想情怀和超迈气质的人格形象，或者说真正让他自觉内化于心、外化于行的人格模式，就是君子人格。由孔子孕育培养、诸子百家呵护成长的君子人格，在此后中华文化奔腾不息的历史长河中，受到上至历代政治家、思想家及文人士大夫，下至社会各阶层人士包括普通百姓的广泛认同和景从。

从先秦至清末，有关君子和君子文化的描述不仅在汪洋浩瀚的历代典籍中星罗棋布，数不胜数；而且在传统戏剧、民间说唱、民俗礼仪及家教家训中随处可见，俯拾即是。君子文化及君子形象还渗透和融入到我们日常生活及器物之中，如中国人自古就有爱玉的传统，实缘于“君子比德于玉焉，温润而泽”（《礼记》），“言念君子，温其如玉”（《诗经》）的观念。中国画自宋代以来画得最多的题材是梅兰竹菊，也缘于人们把梅兰竹菊看作“四君子”。苏东坡之所以说“宁可食无肉，不可居无竹。无肉令人瘦，无竹令人俗”，原因正在于他推崇竹子劲节虚心、清雅脱俗的君子品格。周敦颐的名篇《爱莲说》，之所以称颂“莲，花之君子者也”，也缘于他欣赏莲花“出淤泥而不染，濯清涟而不妖”的君子风范。

君子文化历久而弥新、古老而鲜活，至今仍保存着旺盛的生命力。当今社会尽管发展迅速，观念多变，文化多样，但只要是中国人，不论居庙堂之高，抑或处江湖之远，哪怕是目不识丁的山村老农，也乐于被人看作君子，而绝不愿意被人视为小人。君子人格在不同阶层人群，包括社会底层老百姓中都有相当的知晓度和认同度，君子风范今天仍为绝大多数中国人奉为做人的圭臬。做人做君子，这是中华民族世代相传的祖训，像血液一样涌动在每个中华儿女的内心。“君子一言，驷马难追”；“君子爱财，取之有道”；“君子成人之美”；“君子不夺人所好”；“君子动口不动手”；“以小人之心，度君子之腹”；“近君子，远小人”等等，这些至今活在人们口头的君子格言，已不同程度地成为中华儿女做人做事的人生信条。每一个中华儿女身上都传承着君子人格的干细胞，它以一种习用而不察、日用而不觉的方式，规范和调整着我们观察事物、思考问题、行为处事的视野、心态、作风与格调，影响着我们做人做事的价值判断和行为准则。

君子作为中华民族千锤百炼的人格基因，是凸显中华文化“精气神”的典范人格模式，彰显着中华民族的深沉精神追求和独特精神标识，是中华优秀传统文化的聚焦之点和闪光之源，是烛照中华儿女历经坎坷而跋涉向前的人格力量和心理支撑。君子文化作为中华优秀传统文化的精髓，以水滴石穿、润物无声的方式，在每个中华儿女身上都植入了文化的DNA（基因），或者说在每个中华儿女心底都埋有一颗君子的种子。习近平总书记反复强调：培育和弘扬社会主义核心价值观，必须立足中华优秀传统文化，必须从中吸取丰富营养。我们可以通过挖掘和倡导君子文化，让君子这颗最能体现中华优秀传统文化“精气神”的种子在新时代生根发芽、开花结果，在当代社会树起一面具有深厚传统底蕴和时代精神的文化旗帜。

我们培育和践行社会主义核心价值观，需要下文件发号召，需要广宣传造声势，需要编读本做讲解，需要评模范树标杆，关键是要激活和焕发人们内心由传统文化长期熏陶而形成的价值理念和道德情怀，简单地说就是对“自强不息，厚德载物”为典型特征的君子人格的遵从和追求。面对市场经济浪潮席卷社会生活每个角落，导致一些人信仰缺失、价值迷失、道德失范等诸病连发的状况，我们尤其需要在当代开展“新君子文化运动”，在社会生活各方面大兴君子文化、大倡君子之风、大行君子之道，让君子文化这剂传统良方在培育和践行社会主义核心价值观这项宏大工程中，发挥补气固本的独特作用。这样才能做到如习总书记所说：“使中华民族最基本的文化基因与当代文化相适应、与现代社会相协调，以人们喜闻乐见、具有广泛参与性的方式推广开来。”

编撰这本《君子格言选释》，就是想为宣传和弘扬君子文化做一点努力。“格言”指具有劝诫和教育意义的话，一般语言精练，易记易诵，只言片语，往往给人以启示和教益。文人著书立说，高头讲章，鸿篇巨制，固然非常重要、不可缺少；但三言两语，名言警句，似也历来颇受欢迎。《宋史·吴玠传》记载：“玠善读史，凡往事可师者，录置座右，积久，墙牖皆格言也。”明清两朝五百多年间，格言类著述如《菜根谭》《呻吟语》《小窗幽记》《幽梦影》《增广贤文》《围炉夜话》《格言联璧》等，更是家喻户晓、广为流传，并至今在各大书店畅销不衰。这本《君子格言选释》，上起先秦，下迄当代，零零散散从历代典籍中选录一些有关君子的解说和论断，包括民间流行的俗语和俚语，以约略呈现数千年中华传统文化千锤百炼出的民族集体人格的雪泥鸿爪。

为便于阅读，我们对所选格言进行简单分类，以仁义济世、慎独操守、气节风骨、旷达处世、砺学修身、重诚讲信、友善宽容、怡情养性及君子俗语等九个部分，表现君子人格的不同侧面和丰富内涵。考虑到所选录的格言多为古文，我们对一些难懂字词做了简要注释，并对每条格言用现代汉语做了翻译和长短不一的解读，期望这些有助于读者对格言的理解和君子文化的普及。

本书由我提出选题并设计具体编撰思路和框架，李季林、王树森、牛永峰参加了前期条目选择和注释工作，后由我和王树森、陈婷婷于统稿过程中做了反复增删、修改，许多条目几乎是推倒重写。书稿最终虽仍有诸多不满意之处，因需赶在第二届君子文化论坛上推出，也只能这样匆匆交差了。其中留下的遗憾，但愿能在修订再版时弥补完善。由于水平有限，时间仓促，杂务繁多，加上历代典籍中有关君子及君子文化的论述俯拾地芥、不胜枚举，所选君子格言远非精当，相关译文和解读也难免存在错谬之处，恳请得到方家的指正。

钱念孙

2016 年 10 月 9 日于合肥书香苑

目录

仁义济世

天[1]行健，君子以自强不息。

——《周易·乾卦》

地势坤[2]，君子以厚德载物。

——《周易·坤卦》

注释

①天：天体，这里指自然界。

②坤：天乾地坤。“坤”是《周易》六十四卦之一，它与“乾”相对。乾表示天，象征在上、阳性和刚健；坤表示地，象征在下、阴性、阴柔等。这两句分别属于《周易》的“乾卦”和“坤卦”，但是通常人们把它们连在一起说。

译文

天道运行刚强雄健，君子应效法天道，像它那样精进奋斗、自强不息。大地宛若坤卦，德性仁厚，君子应效法大地，像它那样宽厚和顺、承载万物。

解读

《周易》是儒家重要经典之一，相传是周人所作，故称“周易”。司马迁《史记》说“文王拘而演《周易》”，也就是说，《周易》这部不朽名著，是周文王在被商纣王囚禁时写成的。《周易》既是一部古人用于占卜之书，又是一部伟大的哲学经典，在中国文化经部典籍中有“群经之首”之誉。

“君子”一词在《周易》中出现53次，是《周易》推崇的人格表率。君子所具有的“自强不息”“厚德载物”，以及包容、勤勉、仁慈、博爱等高风亮节的品格，光耀千古，感召众生。几千年来，《周易》所宣扬的君子“自强不息”“厚德载物”的精神，是烛照中华儿女历经坎坷而跋涉向前的人格力量和心理支撑。

国学大师、北京大学教授张岱年先生认为，“自强不息，厚德载物”是中华民族精神的精辟概括。民国时期，梁启超在清华大学任教时，曾给当时清华学子做了《论君子》的演讲。他在演讲中希望清华学子能够继承中华传统美德，尤其是《周易》中“自强不息”“厚德载物”的精神。此后，清华大学便把“自强不息，厚德载物”写进了清华校规，后来又逐渐演变成为校训。目前，北京和台湾地区的清华大学校训都是“自强不息，厚德载物”。

君子安①而不忘危，存②而不忘亡，治③而不忘乱，是以身安而国家可保也。

——《周易·系辞下》

注释

①安：平安，安居。

②存：生存。

③治：指政治清明，社会安定。

译文

君子平安而不忘危险，生存而不忘危亡，安定清明而不忘祸乱，这样自身才能平安，国家才能保全。

解读

“祸兮福之所倚，福兮祸之所伏”（《老子第五十八章》）。安危、存亡、治乱，正如福祸一样，都存在向彼此转化的因素和趋势，这是符合辩证法规律的。但如何规避不好的因素和趋势，使人民安居乐业、国家长治久安，就需要君子以人为鉴，以史为鉴，心怀忧患意识，具备居安思危、未雨绸缪的识见和担当。

兵①者，不祥之器②，非君子之器，不得已而用之，恬淡③为上，胜而不美。

——《老子④第三十一章》

注释

①兵：兵器（代指战事、战争）。

②器：器物，东西。

③恬淡：恬静，淡泊。

④老子：先秦时期著名的哲学家和思想家，道家学派创始人，著有《老子》（又称《道德经》）一书。其作品的精华在于朴素的辩证法，主张抱朴守真，无为而治，其学说对中国哲学发展具有深远影响。老子与后世的庄子并称“老庄”，均为道家学派的先驱。历史上曾流传孔子向老子问学的故事。

译文

兵器（战事、战争）不是吉利之物，不是有道君子所应拥有或使用的；只有在万不得已的情况下君子才使用它，所以对待战事最好淡然处之，即使胜利了也不要自鸣得意。

解读

反对战争、爱好和平，这是古代智者老子的呼吁，也是现代世界各国各族人民的心声。但是，从人类历史发展看，战事往往难以避免，无论是正义战争还是非正义战争，都时常发生。作为君子，遇到矛盾和争端，不应首先想到以武力解决问题，而要以协商调解的方式求同存异，解决矛盾。在老子看来，即便到了“不得已而用之（战争）”的时候，人们也应“恬淡为上”。此处“恬淡为上”，是指要冷静理性地对待战争，要有 “胜而不美”的态度，因为如果以打胜仗为美，打了胜仗就群情激越、狂妄自得，便会陷整个国家于穷兵黩武的不祥之地。老子的这一思想，至今仍有其现实意义。

曾任美国总统的林肯有句名言:“杀戮没有荣耀可言，破坏也不会有正当的理由。除了结束，战争中没有可称为美好的东西。”这句话，与老子之言可谓遥相呼应。

君子食于道[1]，小人食于力。君子食于道，则上尊而民顺；小人食于力，则财厚而养足。

——《管子[2]·法法》

注释

①道：治国之道，统治、管理。

②管子：管仲（前719—前645年），我国古代重要的政治家、军事家、思想家，也是先秦诸子中法家的代表人物，著有《管子》一书。

译文

君子靠治国以生存，小人靠劳动以生存。君子专职于治理国家，能使得统治者受到尊重而百姓归顺；小人专职于劳动，能使得财物丰厚而家养富足。

解读

君子，这里指治国者，他们具备文化知识和治国才干；小人，这里指普通百姓，他们最擅长稼穑和劳动。在法家看来，君子需从事管理，小人需专职于劳动，二者各用其长，各司其职。只有这样，才能实现礼法昌隆、生活富足。孟子也曾说过“劳心者治人，劳力者治于人”（《孟子·滕文公上》），所表达的是同一观点。

君子务本[1]，本立而道生。孝弟[2]也者，其为仁之本与[3]？

——《论语·学而》[4]

注释

①本：根本，根基。

②弟：通“悌”，恭敬兄长。

③与：通“欤”，语气词。

④《论语》：儒家学派的经典著作之一，主要记录了春秋时期儒家创始人孔子及其弟子的言行，由孔子弟子及其再传弟子编写而成。《论语》较为集中地反映了孔子在政治、伦理、道德及教育等方面的思想，对后世影响极为深远。

译文

君子凡事专用力于根本，根本的东西确立了，大道就自然运行了。孝顺父母、恭敬兄长，这就是实行仁爱的根本吧？

解读

“仁”是孔子思想的核心，是孔子思想体系中的基本道德原则。如何为“仁”？在孔子看来，孝悌为“仁之本”。一个人如能做到“入则孝，出则悌”，推而广之，则能达到“泛爱众”。正如古语所说“百善孝为先”，孝悌为仁的根本。如果一个人连自己的父母、兄弟都不尊敬爱戴，还能指望他对别人会有什么仁爱之心、仁义之举吗？只有孝敬父母、友爱兄弟者，才有可能在社会上是个诚实可靠、乐于助人的人。我国还有一句古语：“求忠臣必于孝子之门。”《论语》这段表述，或许可被看作是其理论依据。

子曰："君子喻[1]于义，小人喻于利。"

——《论语·里仁》

注释

①喻：知晓，明白。

译文

孔子说："君子看重的是道义，小人看重的是利益。"

解读

孔子这里把义与利作为一对伦理范畴对举："义"重在群体利益，"利"重在个体利益。孔子并不完全排斥个体利益，他在《里仁》篇中就说："富与贵，是人之所欲也"；"贫与贱，是人之所恶也"。可是，孔子认为谋求利益不能违背仁义道德，所以他又说："（富与贵）不以其道得之，不处也。"究竟把"义"放在首位，还是把"利"放在首位，孔子认为这是区别君子与小人的试金石。

子谓子产[①]："有君子之道四焉：其行己也恭，其事上也敬，其养民也惠，其使民也义。"

——《论语·公冶长》

注释

①子产：？—前522年，春秋时期郑国大夫（相国）公孙侨，字子产，执政22年，使郑国国力大增。子产是春秋时期著名政治家、思想家，比孔子略早，孔子称赞他为"惠人"，清代学者王源甚至赞许他是"春秋第一人"。

译文

孔子评价子产说："（他）具有君子的四种品质：为人处世很谦逊，侍奉国君很恭敬，养护民众有恩惠，役使百姓合乎道义。"

解读

孔子这段评价郑国大夫子产的话，可说是论述为官的君子之道。为官者首先自己要行为谨慎谦逊，同时既要对上恭敬，又要对下多予恩惠，讲究道义，不能横征暴敛、欺压百姓。"以惠养民"凸显了为官者的仁心；"以义使民"则强调为官者的政治才干，即以法度为准则引导、规范百姓，使他们的生产生活秩序井然、有条不紊。

君子之德风，小人之德草；草上之风，必偃[1]。

——《论语·颜渊》

注释

①偃：扑倒，卧倒。

译文

君子的德行就像风，小人的德行就像草；草遇到风，必然会随风倾倒。

解读

本则格言是孔子答鲁国大臣季康子关于如何执政时说的。孔子反对季康子用杀人的办法打击罪恶，反对滥用刑罚威胁百姓，主张施行德政礼教、化民成俗，因而有“子欲善而民善”之说。孔子认为，领导者的道德示范作用是巨大的，所以他说：“子帅以正，孰敢不正？”君子道德风范的影响力，就像大风吹过草地，草随风倾倒一样，能够起到良好的引领和导向作用。

子路[①]问君子。子曰："修己以敬。"曰："如斯而已乎？"曰："修己以安人。"曰："如斯而已乎？"曰："修己以安百姓。修己以安百姓，尧舜其犹病诸[②]！"

——《论语·宪问》

注释

①子路：公元前542—前480年，仲由，孔子的弟子，鲁国人。其"为亲负米"的故事被纳入《二十四孝》。

②病：难。诸：对于这样的事。病诸，难以做到这一点。

译文

子路询问怎样做才能成为君子。孔子说："修养自己而获得诚敬之心。"子路问："做到这样就行了吗？"孔子说："修养自身而使他人安心。"子路又问："做到这样就行了吗？"孔子说："修养自己而使百姓安乐。修养自己而使百姓安乐，这是尧、舜也难以做到的事啊！"

解读

修身、齐家、治国、平天下，这是儒家所提倡的古代知识分子（君子）的人生追求。对个人而言，这是一个由小及大、由近及远、循序渐进的过程。因此孔子首重修身（即"修己"），因为这是齐家（"安人"）、治国、平天下（"安百姓"）的基础。值得注意的是，孔子所说的修己和修身，不是单纯的个人行为及单纯的内省性精神活动，它还需要同完善外部世界的社会活动相结合，最终达到"修己以安人""修己以安百姓"的目标。

子曰："君子谋道不谋食。耕也，馁[1]在其中矣；学也，禄在其中矣。君子忧道不忧贫。"

——《论语·卫灵公》

注释

①馁（něi）：饥饿。

译文

孔子说："君子谋求大道而不谋求食物。去耕作，也可能遭遇饥饿；去学习，倒可能得到俸禄。君子忧虑的是正义大道能否畅行于世，而不是自己生活的贫困与否。"

解读

春秋时，士之为学者，多得不到俸禄；而习耕种者，皆可解决谋食之虑。故当时士子往往趋之异业谋食，而谋道之人不多不专矣。孔子指出君子当为道而谋、学当得禄之理，认为耕或不免于馁，学则可以得禄，意在劝人忧心于道、有志于学。

本则格言强调的是君子当加强学习，以谋道为业。真正的君子，是具有担当精神的，他们不谋求一己的丰衣足食，而忧虑人生理想能不能实现、天下大道是不是畅行。"君子忧道不忧贫"，即使处于贫困当中，也能做到"安贫乐道"，以追求大道为使命。

子夏[1]曰："百工居肆[2]以成其事，君子学以致其道。"

——《论语·子张》

注释

①子夏：公元前 507—前 420 年，姓卜名商，春秋时晋国人，孔子的弟子，曾做过鲁国太宰。

②肆：古代的店铺、手工作坊。

译文

子夏说："工匠们在作坊里完成他们各自的工作，君子通过学习而领悟和推行大道。"

解读

百工成事，君子致道，这是依据社会分工原则所形成的两类职业使命。换言之，成事是百工所要承担的任务，而致道则是君子所追求的理想。那么如何才能保证目标的实现呢？只能靠专心致志，只能靠正本清源。百工要想制作出一件精良的器具，就必须要老老实实地在工肆里琢磨劳动。君子要想搞清楚道为何物、如何行道，就一定要心无旁骛地刻苦学习钻研。任何成功都是靠走正道、下苦功方能实现的。那种成天三心二意以及处心积虑走旁门左道的人，是难以如愿以偿的。

君子尊德性而道问学[1]，致广大而尽精微，极高明[2]而道中庸[3]。

——《礼记·中庸》

注释

①问学：好问，勤学。

②高明：一种理想的道德，高尚而光明。

③中庸：儒家的重要伦理思想，指处理事情不偏不倚的态度，主要是用调和折中的方法去处理矛盾或问题，避免极端和片面。这是孔子提倡的处理问题的一种朴素辩证法。《中庸》本是《礼记》（战国时子思作，是古代一部重要的讲述汉民族典章制度的书籍）中的一篇，后被南宋理学家朱熹抽出单独成书，与《论语》《孟子》《大学》并称“四书”。

译文

君子遵从上天赋予的道德本性，又通过好问和勤学，使自己的知识既宽广博大，又深入精妙；使自己的德行既极其高尚光明，又能遵循中庸之道。

解读

德行与学问，是君子的立身之本；而好问与勤学，则是修炼德行、提升学问水平的根本途径。君子在加强自我修养时，要将深邃广博的知识、高明而不偏不倚的德行作为最高目标，勤学努力，孜孜不倦。儒家这一思想影响十分深远，时至今日，“德、能、勤、绩”（思想品德、专业技能、勤奋努力、工作业绩等）仍然是评价和考核员工的重要指标。

君子之道也，贫则见[1]廉，富则见义，生则见爱，死则见哀。

——《墨子[2]·修身》

注释

①见：通“现”，体现。

②墨子：名翟（dí），战国时期著名的思想家、科学家、军事家，是墨家学派创始人。著有《墨子》一书，提出“兼爱”“非攻”“尚贤”等思想，具有一定的民主意识。

译文

君子为人处世之道是：贫穷时能够体现廉正，富贵时能够体现道义（仁爱），对活着的人能够表示爱心，对死去的人能够表示哀伤。

解读

墨家学派主张“兼爱”“非攻”“尚贤”“尚同”等，其中“兼爱”是其核心理念。本则格言就典型地体现了“兼爱”的原则。墨子为君子设置了四种情境，即贫、富、生、死。他强调无论处在哪一种情境，君子都应该表达自己的爱意、善心，都能够不失去正确的判断。在墨子看来，这是君子应该要秉持的正确处世之道。

孟子曰："言近而指远者，善言也；守约而施博者，善道也。君子之言也，不下带[①]而道存焉；君子之守，修其身而天下平。"

——《孟子[②]·尽心下》

注释

①不下带：带，束腰之带。朱熹注云："古人视不下带，则带之上乃目前常见至近之处也。"代指常见的事情。

②孟子：约公元前372—前289年，名轲，著有《孟子》一书，战国时期伟大的思想家、教育家，儒家学派的代表人物。主张"性善论"，政治上提倡"法先王，行仁政"。相传他是子思（孔子之孙）的学生，与孔子并称"孔孟"。

译文

孟子说："言语浅近而含意深远的，是善言；坚守简约而施惠广博的，是善道。君子的言谈，内容常见却含有大道至理；君子的操守，从修养自己开始，然后去影响别人，从而使天下太平。"

解读

君子为什么有很大的社会影响力呢？因为他们掌握了两个法宝，一是善言，二是善道。善言指虽然表达浅近，但蕴含着深刻道理、能够发人深省的语言；善道指虽然只要求自己，但能让他人受到触动、受到影响的品行。由此可见，说善言、行善道，这应该成为每一个有抱负的人所要追求的境界。

古之学者为己，今之学者为人。君子之学也，以美其身；小人之学也，以为禽犊[1]。

——《荀子[2]·劝学》

注释

①禽犊：家禽、牛犊，古时常作赠送别人的礼物，这里引申为用学问取悦别人。

②荀子：约公元前313—前238年，名况，字卿，战国末期著名思想家、文学家、政治家，儒家学派的代表人物，著有《荀子》一书；主张“性恶论”，强调礼法的重要性，常被拿来与孟子的“性善论”相比较。

译文

古代的学者是为自己而学，现在的学者是为别人而学。君子学习的目的是为了完善自身，小人学习的目的是为了取悦别人，以博取名利。

解读

学习的内在追求，是为了涵养心性；学习的外在动力，是能够为国家、为社会贡献一份力量。而所谓名利，是自然而然包含在其中的。孔子所说的“禄在其中矣”，就是这个道理。读书人切莫本末倒置，把读书当作升官发财的敲门砖、铺路石，甚至为此蝇营狗苟、不择手段，那就不是君子为学的正确态度了。

法不能独立，类[1]不能自行，得其人则存，失其人则亡。法者，治之端[2]也；君子者，法之原[3]也。

——《荀子·君道》

注释

①类：指法令、制度。

②端：基础，本源。

③原：通“源”，源泉，根本。

译文

法令不可能自己存在，制度不可能自己推行，得到执法守法的人则存在，失去执法守法的人则消亡。法是国家治理的基础，而君子则是守法的本源。

解读

法令和制度是人制定的，同时需要大家共同来遵守。不仅制定法令制度需要知法懂法的人来执行，而且法令制度的权威也需要知法守法的人来维护。如果一部法令出台，没有人去遵守，就会出现有法不依，甚至法不责众的乱象。在荀子看来，一个崇尚礼法的社会，必须有像君子这样品行高尚的人来参与和维护，否则就会失去构建礼法社会的基本前提。因此荀子又说：“有君子，则法虽省，足以遍矣；无君子，则法虽具，失先后之施，不能应事之变，足以乱矣。”（《荀子·君道》）由此可见君子在构建礼法社会中的重要性。

夫[1]春树[2]桃李，夏得阴[3]其下，秋得食其实。春树蒺藜[4]，夏不可采其叶，秋得其刺焉。由此观之，在所树也。今子所树，非其人也，故君子先择而后种也。

——《韩诗外传》[5]

注释

①夫：语气词。

②树：动词，种植。

③阴：通“荫”，覆蔽，庇护。

④蒺藜：带刺的草本植物。

⑤《韩诗外传》：相传乃西汉韩婴所撰，是一部采择上古至西汉初年的历史故事与传说、人物言行、诸子杂说编纂而成的书。其特点是每一则故事或议论后都引用《诗经》。韩婴讲授、注释《诗经》有许多独到之处，世称“韩诗”，与辕固生的“齐诗”、申培的“鲁诗”并称“三家诗”。

译文

在春季栽培桃树、李树，夏天就能享受枝繁叶茂所带来的阴凉，秋天就能食用成熟的果实。如果在春天种植蒺藜这种植物，不仅夏天无法采集树叶，秋天也只会收获荆棘。这样说来，秋天有什么样的收成，完全在于春天种植什么。因此君子对于到底要种植什么，树立什么，事先要经过慎重选择。

解读

人们常说“种瓜得瓜，种豆得豆”，意思是说开始时做出什么样的选择，将会直接决定会得到何种结果。本则格言所讲的，也是同样的道理。现实中，一些人在遭遇困顿甚至是违法犯罪之时，常常或自怨自艾，或感叹时运不济，却未能从错误的根源上进行反思检讨。譬如从政，按理说，这是一个履行公共职能、实现公共价值的十分便利的渠道。历史上的仁人志士、著名的政治家们，之所以能有建树，无不是因为他们从一开始便立下勤政廉政、造福百姓的宏伟志愿。在这样的志愿指导下，他们一心为公，不谋求个人私利，所以才能赢得生前身后名。与之相反，也有一些人，从登上仕途开始，就推奉“三年清知府，十万雪花银”的信条，全无为国为民之担当，满是贪腐营贿之私心。这样的人，最终必然是覆水难收、身败名裂，不仅自己遭殃，也连累家人，败坏道德纲纪。因此，想要走好人生道路，起步时能否确立正确志向，是至关重要的。

君子不避外难[1]。

——（西汉）董仲舒《春秋繁露》[2]

注释

①外难（nàn）：外来的侵略、患难。

②《春秋繁露》：中国汉代哲学家董仲舒的政治哲学著作。董仲舒（前179—前104年），广川（今河北枣强）人，西汉哲学家，其提出的“罢黜百家，独尊儒术”的建议，为汉武帝所采纳，开此后两千余年封建社会以儒学为正统的先声。

译文

君子不逃避外患。

解读

“大夫不得用地”“公子无去国之义”“君子不避外难”，这是古代大夫、公子、贤臣们尊奉的三个原则。其本质要求就是，遇到困难不能躲避，要敢于担当。公子去国避难与大夫弃君避难的行为一样，是不能被原谅的，也是不允许的。国家兴亡，匹夫有责；国难当头，挺身而出。这种精神是我们中华民族之所以能够绵延至今、不断发展的一个重要的文化因子。

国之将兴，必有祯祥[①]，君子用而小人退。国之将亡，贤人隐，乱臣贵。

——《史记·楚元王世家》[②]

注释

①祯祥：吉祥的征兆。

②《史记》：西汉著名史学家司马迁撰写的一部纪传体史书，中国历史上第一部纪传体通史，记载了上至上古传说中的黄帝时代，下至汉武帝时期，共3000多年的历史。与后来的《汉书》《后汉书》《三国志》合称“前四史”。

译文

国家将要兴旺的时候，一定有吉祥的预兆，君子被重用，小人被斥退。国家将要危亡的时候，其标志就是贤人隐退，而乱臣显贵得势。

解读

诸葛亮在《出师表》中对蜀君刘禅说：“亲贤臣，远小人，此先汉所以兴隆也；亲小人，远贤臣，此后汉所以倾颓也。”从君王的角度来说，重用君子，斥退小人，就可以使国家兴盛；反之亦然。君子、小人的显达与否，可以作为衡量一个国家兴起或衰落的重要标志。如此看来，所谓“预兆”，并非真的是有什么灵异符应，而在于究竟采取何种用人导向。

君子有二耻：国无道而贵，耻也；国有道而贱[1]，耻也。

——《列女传·柳下惠[2]妻》

注释

①贱：贫贱，这里指贫穷。

②柳下惠：公元前720—前621年，本名展获，字子禽，食邑于柳下，谥号惠，故后人称其为“柳下惠”。他是遵守中国传统道德的典范，其“坐怀不乱”的故事广为传颂。孔子、孟子对他的评价都很高，尊其为圣人。

译文

君子有两种耻辱：国家政治昏暗，个人却富贵，那是一种耻辱；国家政治清明，个人却贫贱，那也是一种耻辱。

解读

民众尤其是君子的个人命运应当与国家的命运一致：国昌，当贵；国难，当赴。逆世而为、深藏待贾，那是奸商的行为，而一个有良知的商人是不会发国难财的。不仅商人，一切有是非辨别力的君子，都不应“国无道而贵”，也不应“国有道而贱”。因为“国无道”意味着政权所遵奉的是违反道德的政治伦理。在这样的环境中如果能致富显贵，那只能靠牺牲品格，与歪风邪气同流合污而得来。反之，如果“国有道而贱”，要么是其人本身“无道”，要么只能说明缺乏起码的能力，这也不能算是真君子。

君子不以私[1]害公。

——（西汉）刘向《新序》[2]

注释

①私：个人的、自己的，私利。

②《新序》：西汉著名学者刘向编撰的一部以讽刺政治为目的的历史故事类编。

译文

君子不以私利损害公益。

解读

“为公”还是“为私”是衡量一个人胸襟和境界的标杆。我们在面对“公”与“私”的时候，是大公无私、先公后私、公私分明、公私兼顾，还是损公肥私、假公济私？随着社会的发展、法制的进步，个人的正当利益和私有财产已经成为受法律保护的对象，而且国家鼓励个人通过正当途径合法致富。但如果通过窃取或损害国家利益、公共利益等手段充盈自己的腰包，那就是不道德甚至犯罪的行为，更不应当是君子所为。

君子仕①不为己，职思其忧，岂以久②近而异其度哉？

——《后汉书·文苑列传》③

注释

①仕：做官；

②久：远，久远。

③《后汉书》：由南朝刘宋时史学家范晔编撰的一部记载东汉历史的纪传体史书，与《史记》《汉书》《三国志》合称“前四史”。

译文

君子做官不是为了自己，在职位上所考虑的，岂能因为远近亲疏而有所不同呢？

解读

心底无私天地宽，法前无己公正在。这里强调君子的为官之道应是公正平等待人，为国家谋利益，为人民谋福祉，而不能怀私情、谋私利。对人对事不能搞帮帮派派，不能因远近亲疏不同而差别对待。

君子任职则思利人[1]，达上则思进贤，

故居上而下不怨，在前而后不恨也。

——（东汉）王符[2]《潜夫论·忠贵》

注释

①利人：利于人，给人带来利益。

②王符：约85—约163年，东汉著名的政论家、文学家、思想家。撰有《潜夫论》一书，主张无神论，具有进步精神。

译文

君子担任职务时就考虑如何造福于人，面对上级官员时就考虑如何举荐贤明，因此能够居上位而下面人不怨恨，在前任而后来者不埋怨。

解读

怎样才算是一个合格的官员呢？俗话说，在其位则谋其政。一个官员，既然获得任职，那么就应该有所作为。怎样有所作为？无非是想着怎么造福百姓，怎样举荐人才。只有这样做，下属才不会怨恨自己，继任者也才不会指责自己。旧时代的思想家尚能为封建官员提出如此具有道德感召力的官箴，今天的各级领导干部更应用心体会。

君子尊而泽[1]人，小人贵而害众。

——（晋）杜预[2]《守弱学》

注释

①泽：润泽，引申为恩惠、恩泽。

②杜预：222—285年，西晋著名的政治家、军事家和学者，著有《春秋左氏经籍传》《春秋释例》等。

译文

君子身处高位会造福世人，小人有权有势会危害百姓。

解读

君子处于高位，会造福一方；而小人处于高位，就会损伤百姓利益。为官，关系着千百万民众的切身利益，当身在其位，善谋其政；而不能沽名钓誉，更不该利用官位巧取豪夺，为自己谋利。这里强调的是要选品德优良的君子从政。只有像宋代政治家和文学家范仲淹那样“先天下之忧而忧，后天下之乐而乐”，才能成为受百姓欢迎和爱戴的好官。

入帷幄[1]之中，参庙堂[2]之上，不能为主尽规[3]以谋社稷，君子所耻也。

——（北齐）颜之推[4]《颜氏家训》

注释

①帷幄：指天子决策之处或将帅的幕府、军帐。

②庙堂：朝廷。君王接受朝见、议论政事的殿堂。

③规：谋划，规划。

④颜之推：531—约591年，中国古代文学家、教育家，生活在南北朝至隋朝期间。著有《颜氏家训》，在中国家庭教育发展史上有重要的影响。

译文

在军队中就要运筹帷幄，在朝廷里就应参与议政。如果不竭力为君主出谋献策，维护国家社稷，这是君子的耻辱。

解读

范仲淹曾说："居庙堂之高则忧其民，处江湖之远则忧其君。是进亦忧，退亦忧。"（《岳阳楼记》）这句话告诉我们，作为一个君子，无论身在朝廷还是退居乡野，所思虑的都应是家国社稷的利益。民为社稷之本，君为社稷之主。颜之推告诫儿孙，无论是参军还是议政，都要以社稷为重，以为君王出谋划策、安邦定国为荣。逃避责任，尸位素餐，不是君子的作风。

古之君子爱其人也则忧其无成。

——（宋）苏洵①《上富丞相书》

注释

①苏洵：1009—1066年，北宋文学家，与其子苏轼、苏辙并以文学著称于世，世称“三苏”，均被列入“唐宋八大家”。

译文

古代的君子如果爱护某人，就担忧其是否会无所成就。

解读

在《战国策》中有这样一则故事——“触詟（zhé）说赵太后”。说的是战国时期，秦国大举攻赵，赵国形势危急，向齐国求援。齐国要赵威后的小儿子长安君当人质才肯出兵。赵威后最疼爱长安君，执意不肯，国家危悬一线。此时触詟临危受命，说服了赵威后让长安君出为人质，使赵国转危为安。触詟固然能言善辩，但最击中人心的还是那句：“父母之爱子，则为之计深远。”对于赵威后而言，与其赐给长安君富饶的土地，不如让他有功于国。君子之爱人，犹父母之爱子女，虽不忍心他们受苦遭罪，但更忧其一事无成，无法很好地在世界上立足。君子之爱，拳拳深也。

君子挟[1]才以[2]为善，小人挟才以为恶。

——（宋）司马光[3]《资治通鉴》

注释

①挟：怀有。

②以：用来。

③司马光：1019—1086年，北宋政治家、史学家、文学家。主持编纂了中国历史上第一部编年体通史《资治通鉴》，记载了从战国到五代共1362年的历史，在中国官修史书中占有极其重要的地位。

译文

君子具有才能，会用来做好事；小人具有才能，则用以干坏事。

解读

小人和君子可能都具备某方面的才能，但他们发挥才干的目的不一样，小人为己，君子为人。小人不惜损害公共利益、他人利益来满足私欲；君子却甘心抛洒血汗为众人谋福祉。评价一个人，不能仅仅看他具备什么才能，更重要的还需考察他的品德，看他用才能来干好事还是干坏事。我们常说一个人要“德才兼备”，也是源于这个道理。

君子小人趣向[1]不同，公私之间而已。

——（宋）朱熹[2]《四书章句集注》

注释

①趣向：志趣、向往。

②朱熹：1130—1200年，南宋著名理学家、教育家、思想家，儒家学说的集大成者。著述甚多，其中《四书章句集注》后被钦定为科举考试的教科书，影响深远。

译文

君子和小人关注的不同，在于一个为公，一个为私，仅此而已。

解读

子曰："君子怀德，小人怀土。君子怀刑，小人怀惠。"（《论语·里仁》）君子追求崇高的精神，所以怀德，君子"疾没世而名不称"（《论语·卫灵公》），所以关心自己的人格形象是否被世人认可。小人追求物质享受，所以关心田宅财产，他们唯利而图，所以贪图小恩小惠。本则格言是朱熹对孔子上面一段话的注解。按照朱熹的说法，君子、小人的差别，根子上是公私之间的差别。以公共利益为根本目标，便是君子；以私人利益为主要追求，则是小人。

君子于细事[1]未必可观，而材德足以任重；小人虽气量浅狭，而未必无一长可取。

——（宋）朱熹《四书章句集注》

注释

①细事：小事，琐事。

译文

君子未必能恰当处理寻常琐事，但其才德堪当大任；小人虽然目光短浅、心胸狭窄，也未必一无是处。

解读

君子和小人，经常是作为一组相对概念出现的。君子固然是一种理想的完美人格，但小人并非坏人。朱熹对君子、小人所做出的界定新颖而有眼光。这给我们以启示：评价人要坚持全面、辩证的观点。君子，往往更多处理大事、把握大局，他们的精力专注于此，因此在琐事的处理应对上有时未免粗疏，这是可以理解的。而小人呢，眼界不高、格局不大，但是他们在力所能及的情况下，也能发挥积极作用。因此，无论是识人还是用人，都要善于扬长避短，让拥有不同才能和品德的人各得其所，切不可求全责备。

君子为国①，正其纲纪②，治其法度③。

——（宋）苏辙④《新论下》

注释

①为国：治理国家。

②纲纪：纲常纪律。

③法度：法令制度。

④苏辙：1039—1112年，北宋文学家、学者。与父苏洵、兄苏轼合称“三苏”，同被列入“唐宋八大家”，一门书香。

译文

君子治理国家，重在匡正纲常纪律，重在整治法令制度。

解读

制度是治理国家的保障和根本，有德行的人治理国家，一是着力于改进和完善法律制度；二是严格遵照法律制度行事。“法治中国”是“君子为国”思考的延续和发展，是依法治国、依法执政、依法行政统一的社会系统工程。法治中国的本质是实现社会主义国家人民享有真正的民主和平等。而自由、平等、公正、法治，都只能在完善制度的基础上才能实现。

一年之劳为数十年之利，十年之劳为数百年之利者，君子为之。君子之为利，利人①；小人之为利，利己②。

——（明）方孝孺③《杂诫》

注释

①利人：对别人有利。

②利己：对自己有利。

③方孝孺：1357—1402年，明代文学家、思想家、学者，曾以“逊志”名其书斋，所作诗文大都收录在《逊志斋集》中。后因不支持朱棣篡位而被诛灭全族，令人扼腕。

译文

用一年的辛劳换来数十年的福利，用十年的奋斗获致一百年的惠泽，这是君子所应该做的。君子谋利，是为了大众；小人谋利，是为了自己。

解读

君子在追求利益的时候，会为别人的利益着想；小人在追求利益的时候，只为自己的利益着想 。君子在注重自我修身养性的同时，也同样看重对他人的帮助，“己欲立而立人，己欲达而达人”（《论语·雍也》），走的是一条互助互利的道路。而小人则往往看重私利，虽“拔一毛以利天下”而不为，甚至为私利而排除异己，假公济私。

君子谋国[1]，而小人谋身[2]。谋国者，先忧天下[3]；谋己者，先利自身[4]。盖智者所图者远，所谋者深。惟其深远，方能顺天应人。

——（明）张居正[5]《权谋书》

注释

①谋国：关心国家大事。

②谋身：谋取个人私利。

③忧天下：为国家利益着想。

④利自身：对自己有利可图。

⑤张居正：1525—1582年，明中后期政治家、改革家，万历时期重要的首辅之臣，辅佐明神宗开创了“万历新政”。

译文

君子谋求的是国家大事，小人图谋的是自身的私利。谋虑国家大事的人，首先为天下百姓操心；为自身谋虑的人，首先想到的是自己的私利。这大概是有智慧的人志向深远，所谋求的目标宏大。正因为志向的远大，才能够顺应天意民心。

解读

小人目光短浅，只知道谋取自身的利益，只会为了自身的利益而行动。而君子则目光远大，为了天下的利益处事行动，不拘于自己的小小利益。忧国不谋身，是我国传统文化中所蕴涵的优秀品质。这种为国家振兴而勇于奉献的精神，值得发扬光大！

贤者立[1]而国兴，小人立而邦危，有国者宜详审之。故小人宜务[2]去，而君子宜务进[3]。

——（明）张居正《权谋书》

注释

①立：起用，重用。

②务：应该。

③进：举荐，重用。

译文

贤能的人得到重用，国家就会兴盛；小人得到重用，国家就会危亡，国家的领导者应该谨慎考虑这件事情，应该驱走和远离小人，举荐和重用君子。

解读

事业兴衰，关键在人。国家兴盛必须重视人才，不仅应侧重对人才能力的考察，还要侧重对人才品德的考察。只有德才兼备的君子，才应该得到重用。那些奸佞之徒，一定要予以贬责。诸葛亮在《前出师表》中之“亲贤臣，远小人，此前汉所以兴隆也；亲小人，远贤臣，此后汉所以倾颓也”，讲的也是这个道理。

士君子尽心利济[①]，使海内少他不得，则天亦自然少他不得，即此便是立命。

——（明）陈继儒[②]《小窗幽记》

注释

①利济：救济，施恩泽。

②陈继儒：1558—1639年，字仲醇，号眉公。明代文学家、书画家。论画倡导文人画，注重画家的修养。著有《陈眉公全集》《小窗幽记》等。其中《小窗幽记》为格言警句类小品文，主要阐明涵养心性及处世原则等。其文字清雅，格调超拔，有令人醍醐警醒之用，因而深受读者喜爱。

译文

一个为官的君子，只要尽自己的心意去利物济人，使一国之内少不得他，那么上天自然也需要他，这便是为自己的生命建立了意义和价值。

解读

君子“达则兼济天下”，这是一种宏大高远的追求。但如何济利天下，不能只停留在思想、口号上，需要务实推进。在推进过程中，能否把握和解决百姓最关心、发展最关键的问题，更好发挥君子的枢纽作用，则考验着君子的实际工作能力。如果做到了这点，那么他就是国家、人民不可或缺的人才，同时，也实现了自己安身立命的人生价值。

君子无所争，争非美德也。然遇朝廷大利害则宜争，遇纲常大关系则宜争，遇学术邪正大主脑则宜争。争而出于无为而为之心，争而不争也。上殿[1]如虎，不失和气，是谓君子。

——（明）方大镇[2]《宁澹语》卷下

注释

①殿：金銮殿，古时皇帝与群臣每日集体讨论朝政的地方。

②方大镇：1560—1629年，安徽桐城人，明万历间进士，经多岗位历练，有政声，官至大理少卿，事母极孝，其孙为著名学者方以智。

译文

君子没有什么要为自己争的，争并非一种美好的品德。但遇到涉及国家重大利害关系的得失时，则应该据理力争；遇到涉及社会伦理规范的是非时，则应该据理力争；遇到涉及学问正道可能被邪术侵犯的紧要关头时，则应该据理力争。如果争是出于一种不带任何私心杂念，只求对天下有好处的信念，那么这样的争，就不是一般的争名夺利，而是为了达到更好地统一意见、消弭分歧的目的。为了更加有效地争，臣子在上殿议政时，要像老虎一样勃勃有生气，随时准备据理力争；与此同时，又能保持谦虚和平的心态，不与同僚之间因为一些无谓的争论而伤害了感情，这样的人才称得上是君子。

解读

中国文化语境中的君子，往往给人以温柔敦厚、谦恭礼让的形象。但君子决非唯唯诺诺的懦夫，尤其是在大是大非的重要关节面前，君子要有态度、有立场，乃至有血性、有担当。孔子之后，君子性格中尤其不可或缺的刚健顽强、爱憎分明的一面，得到了越来越突出的强调。这里对“争”的重要性的论述，显然有助于强化对君子另一方面品格特质的认识。

君子在大是大非面前要敢于“争”，同时“争”又不能伤了和气，不能陷入个人间、集团间的挟私结怨、倾轧报复，这显然对当下社会为人处世之道有很强的现实指导意义。特别是各级领导干部，尤其应从中汲取既能坚定政治立场与原则，又能做到融洽同志关系的宝贵政治智慧。在日常工作中，分歧是难免的，有时固然需要在一定程度或层面上妥协让步，但在涉及根本方向、重大原则问题上，则决不能和稀泥、无是非，而是要态度鲜明、立场坚定，具有像猛虎一般不可侵犯的刚毅之气。与此同时，也要确保任何这样的争论都是出于公心，都不是为了私利，是为了达到认识和行动上的更高层面的统一。这样的争，就是君子之争。

君子于一虫一蚁不忍伤残，一缕一丝勿容贪冒，便可为万物立命、天地立心矣。

——（明）洪应明《菜根谭》①

注释

①《菜根谭》：明末学者洪应明收集编著的一部谈论人生、修养、处世、出世的格言集。其思想融儒、释、道三家于一体，博采众长的同时又深入浅出。文字精炼隽永，雅俗共赏，是一部有益于人们陶冶情操、砥砺意志的通俗读物。

译文

君子对于一只昆虫、一只蚂蚁都不忍心伤害，对于一根线、一缕丝都容不得贪取。这样的品质可以为万物立命，为天地立心。

解读

孔子很早就从颜回箪食瓢饮、安居陋巷的行为中判断出他有“贤”的品质。东汉时的薛勤也有“一屋不扫，何以扫天下”的说法。可见，一个人是否具有兼济天下的才干品德，往往从小事细节中就能看出来。因此，一个人要想有所作为，要想成大器，必须从点滴做起。

贤人君子……要以其身为天下重。

——（明）蒋臣[1]《辜太翁双寿序》

注释

①蒋臣：安徽桐城人，明代思想家，后出家为僧，著有《无他技堂稿》。

译文

贤人君子……要把天下的重任担荷在自己的肩上。

解读

贤人君子受人尊敬的一个重要原因，是他们身上有一种责任意识，有一种担当精神。世间万事，纷繁复杂。凡夫俗子只会选择随波逐流，甚至浑浑噩噩。但是贤人君子不同，他们总是强烈地意识到自己对于家国天下、对于苍生大众负有一份难以推卸的责任。所以他们会奋斗、会抗争，他们愿意做第一个去撞破铁屋子的呐喊者，纵然是神陨迹灭，也在所不惜。中华民族五千年文明之所以绵延不绝，近代中国历经磨难而终又崛起，靠的就是这一代又一代的贤人君子和仁人志士的勇于担当和奋发努力。这种精神不仅值得赞美，更值得不断传承接力。

君子为学，以明道也，以救世也。徒以诗文而已，所谓雕虫篆刻[1]，亦何益哉。

——（清）顾炎武[2]《与人书二十五》

注释

①雕虫篆刻：雕琢虫书、篆写刻符，是西汉学童必习的小技，比喻微不足道的技能。

②顾炎武：1613—1682年，明末清初杰出的思想家、经学家、史地学家。初名绛，因仰慕忠孝之士王炎午的为人，改名炎武。他学问渊博，游历甚广，创立了新的治学方法，被誉为清学"开山鼻祖"。一生著述宏富，代表作有《日知录》《天下郡国利病书》等。

译文

君子之所以学习，是为了明白事理，为了济世救民。如果只是为了吟诗作赋，玩文字游戏，那就成了所谓的雕虫小技，又有什么用处呢？

解读

顾炎武是明清之际反封建的民主思想家。他认为君子做学问是为了明道救世，空谈诗文义理于治世无益。这体现了顾炎武倡导"经世致用"的主张，他对躲在象牙塔里咀嚼一己悲欢的文人持否定态度。

君子留心天下必为有用之学。故凡关于国计民生者，未尝不考索于暇日。

——（清）方中履①《方物纪序》

注释

①方中履：1637—1712年，安徽桐城人，清代学者，方以智少子。少随父游，一生不仕，勤于著书。

译文

君子的重要责任是留心世事，关注天下，为此要钻研对天下有用的学问。但凡涉及与国计民生相关的内容，就应利用一切闲暇时间进行深入的考察研究。

解读

人们在日常工作生活中，常常会被一些琐事俗务牵绊住心神，不善于抓主要矛盾。但真正的君子，真正想有所作为、有所建树的人，会把主要精力集中到那些对国家社会有大作用的事务上，并且为之付出艰辛细致的努力。人们常说，要善于谋大事、管大事、抓大事，就是这个道理。那么怎样实现这些目标呢？品读本则格言，可以得出几点体悟：一是要有抱负，要善于区分大事、小事，将心思更多地放在那些有全局性影响的大事上；二是要有目标，用心学习那些足够让自己有能力驾驭大事的本领；三是要有毅力，为了学到本领，要全身心投入，不懈坚持。

凡所谓清议[①]者，皆忠于君利于民之言也。而忠于君利于民，未有不害于小人之私计者，故小人不约而同仇。……由是忠良危死于非罪，而无道可以自明。故君子之有清议，不独在位小人嫉之，即未进之小人亦嫉之。

——（清）方苞[②]《书杨维斗[③]先生传后》

注释

①清议：字面上的意思是公正的议论，后来被用来特指对朝政的议论，或有广泛影响的社会议论。

②方苞：1668—1749年，安徽桐城人，清代著名文学家，著名的散文流派“桐城派”的创始人，被尊为“桐城三祖”之一。

③杨维斗：名廷枢，明末复社领袖，后因反清亡。

译文

所谓清议，是指为君主尽忠同时又对百姓有利的言论意见。但既然是为君主尽忠、对百姓有利，就难免会损害到各种小人的私利。因而小人们会不约而同地起来与清议为仇作对。……这样，那些忠良之臣就会死于非罪，却无法证明自己清白。所以作为君子，如果发出清议，不仅在位掌权的小人会嫉恨，就是那些一般的逐利小人也会深以为恨的。

解读

自东汉末年以李膺、陈蕃等为代表的太学生与社会正直人士掀起反对宦官专权、抨击朝政黑暗的舆论批判狂潮，赢得了“清议”的美誉之后，敢于在涉及国家命运、纲常大关节上公正发表意见，不与任何私心利欲妥协、苟合，便成为历代士大夫济世卫道所追求的崇高境界。明末东林党人声讨阉祸，言行的激烈程度令人感慨，所付出的牺牲也更大，从而建立起一座为后来知识分子所景仰的道德丰碑。方苞这里所纪念的杨维斗先生，就是明末复社一位重要的精神领袖。

应当说，历史上每一次清议浪潮，确实在一定程度上起到了培育健康人格、澄清社会空气的重要作用。今天我们提倡学做君子，也要有这种敢于清议的勇气与抱负。尤其是那些有能力、有条件的知识分子与公众人物，本身在社会上就有道德引领的重要作用，更有仗义执言、维护社会公义的责任。纵然是遭遇误解、抵制乃至打击报复，只要是对国家有利、对民族有利，对我们正在为之奋斗的伟大事业有利，都要激浊扬清、敢于坚持。具体到每一个公民来说，则要能见义勇为，积极培养公民情怀和主人翁精神，对社会公共话题与事务予以积极关注，这就是今天我们对于古代清议精神的最好传承。

君子之学，苟[1]既成而不用于其身，则其用必更有远且大者。

——（清）方苞《储礼执[2]文稿序》

注释

①苟：假使，如果。

②储礼执：据文意，应是方苞兄长的弟子。

译文

君子学习知识，如果学有所成却没有用于谋取自身名利，那就是为了在更加重要和深远的国家大事上发挥作用。

解读

读书为了什么？这是我们每个人在求学致知时，都首先要不断设问的问题。古代有所谓书中自有黄金屋、颜如玉、千钟粟的说法，但那是一种为君子及有志之士所不齿的庸俗社会学。周恩来总理当年在南开时，即怀抱“为中华之崛起而读书”的宏大理想，这与那些读书为做官、为挣钱、为光耀门楣等观念相比，显然大相径庭。其实，读书也好，做事也罢，固然要为个人谋求一条生存发展之道，但绝不能止步于此，而应该追求更加高远的社会价值。古人早就有“修齐治平”的理想，北宋张载的名言：“为天地立心，为生民立命，为往圣继绝学，为万世开太平。”何等胸怀！何等气魄！其所强调的就是读书人要有兼济天下的情怀与志向。读方苞这段话，也应做同样的思考。

程子[①]谓“于国家大事，知而不言，为名教[②]罪人”。盖古之君子于夙[③]所爱敬，则责之倍严，忠之至，厚之至也。

——（清）方苞《答某公书》

注释

①程子：程颐，北宋著名理学家。

②名教：儒教。

③夙：素来的，原有的。

译文

程子说：“在国家大事上，有想法、有见解却不说出来，这种人是名教的罪人。”因此，古代的君子，对于自己素来关爱敬重的人，往往对其言行要求（责备）更为严格，这才是真正忠于前贤、厚爱前贤的表现。

解读

明哲保身，是一种庸俗的处世哲学。在历史上及日常的工作生活中，我们时常会碰到这种人，他们于国家、于事业、于自己身旁的同事，有进言的责任与条件，同时又确实能看到问题的所在，想到解决的良方，但囿于所谓情面，或是担心所谓报复，甚至抱着另外一种幸灾乐祸的阴暗心理，不愿意尽规劝之务、督导之责，不愿意在身边人错误萌生之初拉拉衣袖、提提醒，致使其偏离正确的轨道，有的甚至在泥沼中愈陷愈深，从而使事业受到损失，也可能使身边人执迷不悟，甚至走上不归之路。这种行为，其实是一种不负责任、不讲诚信的表现。这段话所引程颐之语以及方苞所言，就是要讲明这样一个道理：一个人，对人对事，对国家对民族，都要本着一颗忠爱真诚之心，知无不言，言无不尽。古人追求做谏臣、当诤友，今天在同事朋友之间，也要倡导能坦荡真诚，敢于展开善意的批评。

古之君子功不必自己成，谋不必自己出，惟期分国之忧，除民之患耳。

——（清）方苞《与顾用方[1]论治浑河[2]事宜书》

注释

①顾用方：据文意，应是负责治理浑河的人。

②浑河：历史上曾是辽河最大的支流。

译文

古代的君子，并不在意功绩是否在他手里完成，也不在意好的谋划是否由自己提出。他们所关心的，只是国家的忧患能得到分担，百姓的困难能够得到解决。

解读

很多工作是经过几年、几十年，甚至几代人长期坚韧不拔的努力才取得明显成效。这就会产生一对明显的矛盾：完成者与奠基人之间的矛盾。完成者往往会因工作目标由自己最终实现而居功自傲，奠基人则有时难免会因自己的付出未得到足够的重视而感到不平。处理这种矛盾关键要做到两点，一是作为当事人，要有宽广的胸怀、长远的眼光，要树立功成不必在我的正确心态。只要工作最后做成了，对国家和人民有利，个人的些许微名薄利是不足挂齿的。其次，为了更加客观公正地对待历史，要确立科学的评价机制与体系，要看到事业是连续的，又是发展的，工作是一任接着一任、一茬接着一茬干出来的。每个人，只要跑好了接力赛中属于自己的那一段，就是有贡献的，就应该得到公正评价。不能用前人否定后人，也不能用后人否定前人。这是对以上这段话的历史的、辩证的理解。

横向地看，任何事业和工作都是一个整体，它是由不同环节、不同部分构成的。我们每个人、每个部门也都是事业链条上的一颗螺丝钉。只要工作做成了，那么无论是再小的螺丝钉，都是发挥了作用的，都应该感到自豪。无论是当事人还是评价者，都不能简单地存有厚此薄彼或妄自菲薄的偏见，要有全局视野。这才是对事、对人的正确态度。

士君子遭遇明时，得位行道，必有利济之能，报称之实，进退无愧，而后可为完人。

——（清）张廷玉[1]《送都御史石湖杨公予告归里序》

注释

①张廷玉：1672—1755年，安徽桐城人，清康熙、雍正两朝著名文臣，曾任军机大臣、户部尚书、《明史》总裁官等要职。

译文

士君子生逢一个政治昌明的时代，又得到一个可以践行道义、造福社会的职位，必须具备利国利民的能力，同时又做出实实在在的造福国家和社会的业绩，这样无论他在位或离职都能做到无愧于心，都能称得上是一个完美的人。

解读

时势造英雄，英雄亦造时势。人生于世，想要有所成就，除自己努力外，还要看所处社会是否具有发现人才、使用人才的环境（历史上很多怀才不遇者的失意，不是因为自己不够努力或不够优秀，而是社会条件不允许所造成的）。假设社会本身是健康的，作为个体，首先应该刻苦学习知识、锤炼本领，这是做好事情的前提；其次则要勤勤恳恳，扎实苦干，做出切实的业绩。前者是基础，后者是结果。张廷玉身处康乾盛世，自身备受几代君主信任，正是凭借自己的才华与勤勉，取得了无愧历史的成就，才获得实至名归的荣誉。所以他的这番话，可谓一位封建时代有阅历、有建树的高级文官的衷心之言。对于今天的我们来说，也具有启示性。

故君子之用心，必将使人知族人之咸本于一气，则孝弟亲睦之意，油然自生。而婚姻洽比之风，因之可以渐及由一家以推于一乡，由一乡以推于天下。风俗之美，教化之成，未尝不由于是。此谱牒①之设所为深有功于世道，而君子详慎之不敢忽也。

——（清）张廷玉《王氏族谱序》

注释

①谱牒：牒，古代的书版。谱牒，家谱。

译文

所以君子的用意在于，一定要使人知道同一个家族（姓氏）表现出一种共同的气质品格，如此孝悌亲睦的内在情感就会自然而生。而不同家族之间联姻通婚又会像风一样，使孝悌亲睦这些美好的品质，由一个家族扩展到一个乡村，由一个乡村而扩展到整个社会。美好风俗的形成，文化教育的化成，都是通过这样的途径来实现的。这就是家谱的修撰对世道人心的贡献，也是君子所以审慎探究而不敢疏忽的原因所在。

解读

中国在很长的历史时期内，都是一个宗法制社会，由此而衍生的谱牒之学，确实在相当程度上起到了联系宗族血缘情感、维持乡村治理秩序、培育社会道德风尚的重要作用。张廷玉这里所称赞的正是这一点。当今，我们要积极汲取谱牒文化中的优秀成分，如淳良朴实的家风乡俗，深厚的家训家教文化等，这些都是中华优秀传统文化的重要组成部分。古语云“礼失求诸野”，就是说有些丢失了的传统礼仪、道德和风俗等，可以到民间乡野去寻找。当下弘扬家风、家教，就是为了从最基本的家庭教育做起，继承和弘扬优秀传统文化，培育和践行社会主义核心价值观。

上承天子之命，有抚安众逵庶[1]之绩；下立身行己，有清慎之修。其所孜孜而为者，君子之事也；津津而言者，君子之言也。

——（清）姚鼐[2]《稼门[3]集序》

注释

①逵庶：逵，四通八达的大路；逵庶指各地百姓。

②姚鼐：1731—1815年，清代著名散文家，“桐城三祖”之一，著有《惜抱轩文集》，编选《古文辞类纂》。

③稼门：清人汪志伊的字。汪志伊，安徽桐城人，乾隆朝举人，长期在晋、冀、甘及江浙一带为官，有政声。

译文

（汪志伊）上尊天子的命令，在安抚百姓方面做出了成绩；同时自己在立身处世上，也努力追求清慎的境界。他所孜孜以求去做的，都是一个君子应该做的事；他所乐于谈论的话题，也都是具有君子情怀的良语箴言。

解读

清代桐城多名宦，他们的政治建树与个人品德，在当时社会具有广泛影响力，也是后人所推崇和注重学习的。姚鼐这篇《稼门集序》，对汪志伊一生言德事功做了很好的概括。他认为汪志伊一生，处处不忘以君子人格的标准来要求自己。君子人格在中华文化中之所以绵延久远又广受推崇，绝不仅是依赖理论家们对其内涵外延所做的阐释，更在于一代又一代有志者的身体力行。君子的人格光辉，正是通过这种薪尽火传的继承而得到生生不息的丰富和发展。

古之君子，仕非苟①焉而已，将度其志可行于时，其道可济于众。

——（清）姚鼐《复张君书》

注释

①苟：随便。

译文

古代的君子，对待是否出来做官，决不随意轻率。他们只有确认自己的志向可以为社会所认同，而自己的志向又确实能得到实行，能为百姓造福的时候，才会出来做官。

解读

古往今来，做官都不是一件容易的事，因为做官需要承担公共治理的责任，对为官者的品行和才干有很高的要求。古人对待是否做官的态度是慎重的，只有在对自己德才两方面素质都有清醒认识，同时又判断出社会时代适合自己出任官职，特别是某一政权在道义上不违背自己的价值观及政治追求时，才会选择出仕。如果认为做官容易，要么是盲目自大，要么是动机不纯，不仅无法做好官、履好职，也会损害事业、危害百姓，甚至还会使自己身败名裂。历史上有很多不愿为官或主动辞官的佳话，如晋代的陶渊明、元代的王冕等，都可看出他们对做官的慎重。

君子之心，当为国家宣力分忧，保疆土而安黎庶[1]，不在一身之荣辱也。

——（清）姚莹[2]《再与方植之书》

注释

①黎庶：百姓。

②姚莹：1785—1853年，安徽桐城人，字石甫、明叔，姚鼐从孙。嘉庆进士，清代著名史学家、文学家。曾任两淮盐运使，道光十年（1830年）任台湾道。

译文

君子的心血和精力，应该用在为国家分忧、保卫疆土并安抚民众，而不在计较自己个人的荣辱得失。

解读

孔子早就说过“君子谋道不谋食”“忧道不忧贫”的话，意思是说，君子应该具有关怀天下、维护道统的气魄和雄心，不能为一己之安危和贫富而斤斤计较。姚莹这里所言即表明同样的道理。君子处世，要有大胸怀、大抱负，要真正能将精力集中到事关国家安危、百姓祸福的大关节中去，不能斤斤计较于个人利害得失。中国古代，这种君子不胜枚举，如冒死直谏、不畏权奸的比干、海瑞，如视死如归、坚守气节的苏轼、文天祥，都体现了君子这种可贵的品格。

君子立学传于后世者，道也，而不在文；功也，而不在德。

——（清）姚莹《与张阮林论家学书》

译文

君子在学问上有所建树而流传于后世的，是治国理政之道，而不在于文才；是功业，而不在于空讲而没有践行的道德。

解读

在古代，对君子的讨论往往侧重于德行和文才，但姚莹在这里强调治国之道，强调功业。为什么会有这种转变？首先，在君子文化的历代传承中，确实存在着重德行而轻事功的倾向。因循而下，君子就难免被附着上一层文质彬彬、难当大任的色彩。这显然是片面的。其实，君子人格既有厚德载物的一面，又有自强不息、奋发有为的一面。其次，姚莹所处的晚清，正值国家多事之秋、民族存亡之际，现实迫切需要有志士仁人能够挺身而出、勇立潮头，以实际行动为国家民族贡献一份力量。

士君子处变世[1]，自量真有拨乱反正之才，而其事又可以任我所为，则当出而任之。不然则固穷积学、守死善道以留斯文之一脉，为后世开太平可也。若不度德量力，不审时识势，而妄欲有为，因人俯仰，不特害世，必至失身废学而后已。知道者不如此也。

——（清）方宗诚[2]《俟命录》

注释

①变世：动荡、混乱的时代。

②方宗诚：1818—1888 年，桐城派后期名家，主要生活在清朝咸丰、同治年间，与曾国藩、李鸿章等交善。其《俟命录》是一部研究天时、人事及治乱之源的著作。

译文

士君子身处在一个动荡的时代，假如自我估量确实具备拨乱反正的才干，而整个形势或者说某些工作又能让自己发挥作用，那么就应该出来担当。如果做不到这一点，则应选择安于穷困，潜心治学，坚守向善之道，以保存文脉延续，等待机会为再开太平之世积蓄能量。如果不能客观认识自己的品行和能力，不能正确审时度势，而是胡乱作为，供那些势利之徒驱使，不仅会危害社会，最终必定也会使自己人格丧失，学识荒废。洞明事理的人，定然不会这样做。

解读

关于文人（知识分子）的出处进退，是中国文化一直非常关注的重要问题。因为这既涉及文人们如何在社会上发挥积极作用，也事关其自身人格操守是否能得到有效的维护保全。比较经典的论述如“用之则行，舍之则藏”（《论语·述而》），“穷则独善其身，达则兼济天下”（《孟子·尽心上》），堪称古人处理此类问题的基本原则。

本则格言将君子的出处进退置于一个特定的背景——“变世”之中。“变世”意味着时势不稳，各种矛盾相互冲突激荡，以致正常的社会秩序被破坏。在这样的时势中，社会关注度较高的君子的选择，不仅关乎自身安危荣辱，更具有很强的社会风向标作用。这里给出两个层面的建议：第一层面，在能力和条件许可的情况下，切切实实地介入实际事务，做一些扶危济困、拨乱反正的工作，建立事功。如果不行，则退到第二层面，维护一个君子应有的道德坚守，用心思考“变世”的致乱之由，尽可能在学统上保持文脉不断，以利后世拨乱反正。重要的是，不能与邪恶势力同流合污，因人俯仰，做出丧失人格、祸害社会之事。

君子不当为身皋①财，当为天地惜财。自己不可妄用，亦不可与人妄用。

——（清）方宗诚《志学录》

注释

①皋：丰富、富有，这里作动词用，意为积累、积聚。

译文

君子不应当为自身谋求丰厚财富，应当为天地爱惜财富。不仅自己不能随便浪费，也不要和他人一起挥霍财物。

解读

如何对待财富？这似乎是一个亘古不变又历久弥新的话题。如何处理消费与积累的关系、个人财富与公共财富之间的关系，更具有极强的现实意义。本则格言所讲的重要道理是，我们既不能自己贪图财富和享乐，也不能和他人一起肆意挥霍财物，特别是公共财产。党的十八大以后，中央出台八项规定，力戒奢侈浪费，要求各行各业都要树立勤俭节约的观念，对一段时间以来大行其道的享乐主义和奢靡之风起到了有效的扼制作用，也有力地改善了社会道德风气，具有多方面的积极意义。

盖治国家全在知人善任。任得其人，则小人亦可收其力；任失其人，则君子必致枉其才。

——（清）方宗诚《俟命录》

译文

治国理政的关键在善于用人。如果知人善任，纵然有些人品行上有可议之处，也能够使其发挥积极正面的作用；反之，即便所用之人是君子，没有用在合适的位置上，也会白白浪费其才干。

解读

“政治路线确立之后，干部就是决定的因素。”这句话揭示的就是用人对于事业成败极端重要的道理。对于如何选人用人，古人做过许多积极探索。其中一个很重要的原则就是“用人所长”。历史上有很多知人善任、不次用人的佳话，也有求全责备、埋没人才的教训。本则格言所讲的君子、小人的区分，固然是极端的例证，但也启示我们今天在选拔使用人才时，一定要全面考察，善用其才其长，把不同的人放到各自适合的岗位上，既不能大才小用，也不能小才大用。这既有利于最大限度地调动人才的积极性，也能推动事业不断向前发展。

慎独操守

君子终日[1]乾乾[2]，夕惕若[3]，厉无咎[4]。

——《周易·乾卦》

注释

①终日：整个白天。

②乾乾：《帛书周易》作“键键”，健健。《象》曰“终日乾乾，反复道也”，即言君子反复从道而行，不舍昼夜。意指勤勉努力。

③夕惕若：夕，夜晚；惕，警惕反省；若，语助词。

④厉：危险；无咎：没有灾难。

译文

君子白天勤勉努力，夜晚也保持惕惧省思，这样虽然有危险，也能够转危为安。

解读

老子曾说“福祸相依”，即福与祸总处在相互转化的变动当中。君子能够洞察事物变化发展的规律，所以心中常存忧患意识，行动上则表现为日夜勤勉自省，处处严格要求自己，保持与时俱进、奋发努力的状态，以防患于未然。如此，即便君子遇到了祸端厄运，也能够逢凶化吉，安然度过。

司马牛[1]问君子。子曰："君子不忧不惧。"曰："不忧不惧，斯[2]谓之君子已乎？"子曰："内省不疚[3]，夫何忧何惧？"

——《论语·颜渊》

注释

①司马牛：姓司马，名耕，字子牛，宋国人，孔子的弟子。《史记·仲尼弟子列传》提到过他，说他"多言而躁"。

②斯：这样，如此。

③疚：因有过失感到内心惭愧、痛苦。

译文

司马牛问何谓君子？孔子说："君子不忧愁、不恐惧。"司马牛又问："仅仅做到不忧愁、不恐惧，就可以成为君子了吗？"孔子说："一个人如果能够做到自我反省没有愧疚，那还有什么可忧愁恐惧的呢？"

解读

君子作为孔子精心塑造的可学可做、高尚而平凡的理想人格，要时时处处严格要求自己，经常自我反思："替别人办事是否尽心呢？与朋友往来是否讲究诚信呢？老师传授的学业是否复习了呢？"三问而无惭色，即孔子所说的"内省不疚"。外无怼于人，内无愧于心，只有这样才能做个无忧无惧、胸怀坦荡的君子。

子曰："君子易事[①]而难说[②]也。说之不以道，不说也；及其使人也，器[③]之。小人难事而易说也。说之虽不以道，说也；及其使人也，求备[④]焉。"

——《论语·子路》

注释

①易事：容易处事。

②难说：难，以……为难。说，通"悦"。难说，难以取悦。

③器：器使，量才使用。

④求备：求全责备。

译文

孔子说："与君子一起做事容易，但很难取悦于他。用不正当的方式去讨他喜欢，他不会高兴；到他要用人的时候，他会量才使用。与小人一起做事很难，但博得他的喜欢很容易。即便用不正当的方式去取悦于他，他也会高兴；等到他用人的时候，往往会对人求全责备。"

解读

君子行事有准则，不会因为情感而失去理智、因小利而丢失大义，所以难以投其所好；小人最在乎一己好恶，常常罔顾规则，因而容易用利益去取悦他。但是，遇到正经事时，君子能做到任人以贤，客观地评价、选用人才；而小人用人则缺乏公正的态度，或拉帮结派，或求全责备、假公济私。这就告诉我们，在平常工作中，不能仅以好不好相处作为能否合作的标准，更多的还需考虑对方的品德，要做到"亲君子而远小人"。

子曰："君子耻[1]其言而过其行[2]。"

——《论语·宪问》

注释

①耻：动词，以……为耻。

②言过其行：言语超过了行为，即说得多而做得少或说到未做到。

译文

孔子说："君子以言过于行而感到羞耻。"

解读

君子做人做事，注重少说多做，说到做到；反对夸夸其谈，说到做不到。当今有些人，包括有些领导干部，讲一套做一套、台上一套台下一套、当面一套背后一套，言过其实和虚张声势者屡见不鲜。有些领导干部热衷于搞形象工程，热衷于编造数字夸大政绩，欺世盗名；有些经商者不通过诚实劳动和提升产品质量赢得市场，而是依靠虚假宣传，甚至坑蒙拐骗招摇过市。这些不仅与实事求是原则相违背，而且有违于做人的基本道德准则，当然，与"君子耻其言而过其行"更是相去甚远、背道而驰。

子曰："君子病①无能焉，不病人之不己知②也。"

——《论语·卫灵公》

注释

①病：担心，担忧，忧愁。

②不己知：倒装，意为"不知己"。

译文

孔子说："君子只是担心自己没有能力，而不担心别人不了解自己。"

解读

孔子具有积极入世的情怀，但他一贯不慕虚荣，甚至鄙视徒有虚名。他所担忧和痛恨的不是没有显赫的名声，而是自身没有卓异的才能，不能做出自己独特的贡献，不能彰显自我的价值。所以他还说"人不知而不愠，不亦君子乎？"（《论语·学而》）

本则格言所阐发的道理是，人生于世，应当把最主要的精力放在提升自己的素质和能力上，而不要过多关注别人对自己的评价。尽管各种来自外界的评价难免会对自己产生影响，所谓"知我者谓我心忧，不知我者谓我何求"的情况一直存在，但只要自己苦练内功，是完全可以视若等闲的。

子曰："君子求诸[1]己，小人求诸人。"

——《论语·卫灵公》

注释

①诸：之于。

译文

孔子说："君子严格要求自己，小人苛求责怪别人。"

解读

本则格言与孔子所说的"躬自厚而薄责于人"意思一致，都是严于律己之意。无论"求诸己"还是"躬自厚"，都是要求诉诸自己的自觉性，要求增强内在精神动力，自我奋斗，自我创造，而不要一味依赖他人，责怪他人，或盲目效仿他人。俗话说得好："求人不如求己。"

不过，道理还有另一面，即当今的社会是一个互联互通、共存共荣的社会，有许多问题不仅仅是个人的，甚至也不仅仅是部门的、地区的、国家的，而是世界性的。这就要求我们在强调自我努力的同时，也要摒弃成见，善于与他人合作共赢，协同发展。

孔子曰："君子有三戒[1]：少之时，血气未定，戒之在色[2]；及其壮也，血气方刚，戒之在斗[3]；及其老也，血气既衰，戒之在得[4]。"

——《论语·季氏》

注释

①戒：原指佛教约束教徒的条规，意为防备、警惕、禁止。

②色：女色，民间有"贪色亏身"之说。

③斗：械斗，争斗。

④得：贪婪，贪得无厌。

译文

孔子说："君子一生中有三件事要警觉：戒色、戒斗、戒得。年少时，血气未定，正长身体，要戒女色；年壮时，血气方刚，容易冲动，要戒争斗；年老时，血气已衰，心神不力，要戒贪婪。"

解读

孔子在这里提醒我们，人生在不同阶段有不同的生理和心理特点。作为君子，在人生的少、壮、老三个阶段，要注意戒色、戒斗、戒得三个问题。这实际上也是针对人生不同阶段的不同特点，调整道德修养的侧重点。这与民间广为流传的"少不看《水浒》，老不看《三国》"之说，似有异曲同工之妙。

君子不怨天，不尤[1]人。

——《孟子·公孙丑下》

注释

①尤：同“忧”，意为责怪，怨恨。

译文

君子上不埋怨天，下不怨恨人。

解读

“不怨天，不尤人”，这原是孔子的话（见《论语·宪问》）。孟子在这里复述，可见他对这一思想的赞同。孔子和孟子都主张，凡事要通过自己努力而达到目标，反对事情没有做好却责怪环境、埋怨他人。通过自身努力而不能摆脱人生困境却又不责怪上天和他人，这需要豁达的心态和乐观向上的精神。这种精神是非常有积极意义的，因为怨天尤人，于事无补、于己无益，不如常存感恩之心，以期欢喜之事。

故[1]声闻过情[2]，君子耻之。

——《孟子·离娄下》

注释

①故：因此。

②声闻过情：声，声望；闻，名望；情，实情、实际。

译文

因此，君子以名声超过了实情为羞耻。

解读

古之君子，不贪功，不慕虚名，反对名不副实、名过其实。当今社会，却充斥着恋慕和追逐虚名之人。他们可能实际本领和水平一般，却热衷“包装”“炒作”，想方设法捞取各种头衔和名誉，而很少真正在能力上下功夫，还为欺世盗名得到的所谓荣誉沾沾自喜。这与孟子所说的“声闻过情，君子耻之”，实有霄壤之别。

君子有终身之忧，无一朝之患也。

——《孟子·离娄下》

译文

君子有长期的忧虑，却没有一时的痛苦。

解读

孟子所说“终身之忧”，即担心自己的道德品质不能达到较高的理想境界。其观点的意义在于，要求人们用真善美的标准审视自身和外部世界，在精神完善方面始终不满足于现状，对自身堕落永远保持警惕。所谓“一朝之患”，是指生活中所遇到的矛盾、麻烦给人们带来的痛苦。在孟子看来，“一朝之患”不仅不应转移人们的“终身之忧”，而且要促使人们重视“终身之忧”。如果我们有了“终身之忧”，时时处处以仁德存养己心，以仁爱之心待人，以正确的言行处理生活中遇到的各种问题，这样就会较少陷入烦恼和忧虑之中，就很少有“一朝之患”了。孟子伦理学的要点，就是力图用崇高的精神来克服客观世界中的问题和主观世界的烦恼，这可与孔子所言“人无远虑，必有近忧”相互参照。

孟子曰："君子所以异于人者，以其存心[1]也。君子以仁存心，以礼[2]存心。仁者爱人，有礼者敬人。爱人者人恒爱之，敬人者人恒敬之。"

——《孟子·离娄下》

注释

①存心：保存善心，存在本然之心。

②礼：礼仪。

译文

孟子说："君子所以跟常人不一样，就在于他存在一颗本然的善良之心。君子内心存有仁爱，存有礼仪。仁爱就是关爱别人，礼仪就是尊敬别人。关爱别人的人，人们就爱护他；尊敬别人的人，人们就尊敬他。"

解读

"仁者无敌"（《孟子·梁惠王上》）。对于君主而言，实行仁政、崇尚礼节，必然会得到民众的拥戴，万众一心便会天下无敌。对于君子而言，心怀仁爱、以礼待人，便会得到他人的敬爱和礼遇，彼此亲近融洽，互相帮助，便会建立起和谐社会。

君子敬始而慎终[1]，终始如一，是君子之道，礼义之文[2]也。

——《荀子·礼论》

注释

①敬始而慎终：生是人之始，死是人之终。儒家主张贵生重死、乐生哀死，善始善终、始终如一。

②文：通“纹”，纹理，纹路。

译文

君子严肃地对待生命，慎重地对待死亡，善生善死，生死如一，这是君子之道，也是礼仪的表现形式。

解读

荀子说：“生，人之始也；死，人之终也。终始俱善，人道毕矣。”（《荀子·礼论》）“敬始而慎终”正是儒家所强调的善生善死的道德追求，更是社会文明程度的衡量标尺。迎接新生，人们不难做到欣然重视；对待死亡，却容易草草了事。曾子曰：“慎终追远，民德归厚矣。”（《论语·学而》）作为君子，谨慎地为父母送终、追念远祖，那么民众的德行就自然归于淳厚。对于今天的人来说，“慎终”更在于情感、态度、礼节上的哀戚与庄重，而不是形式上的大操大办、铺张浪费。

君子不以安肆[①]志，不为危易[②]行。

——（西汉）刘向《新序》

注释

①肆：放肆，肆意。

②易：改变。

译文

君子不会因为安然就肆意妄为，也不会因为艰险而改变初衷。

解读

君子无论身处顺境还是逆境，都能够矢志不移，既不会因生活安逸而放任自己或消磨意志，也不会因贫困艰险而改变初心和操守。君子有难得的品德，有目标、有追求，并始终如一，坚韧不拔。

君子独处守正，不桡[1]众枉。

——《汉书·刘向传》[2]

注释

①桡（ráo）：曲木，作动词，弯曲。

②《汉书》：东汉历史学家班固编撰，是中国第一部纪传体断代史，主要记述了上起汉高祖，下至篡汉自立的王莽，共计230年的史事。与《史记》《后汉书》《三国志》合称“前四史”。

译文

君子单独一个人的时候，依然恪守正道，不会犯一些常人易犯的错误。

解读

儒家提倡慎独，即谨慎独处，它体现了道德修养的自觉性。西方有学者主张道德律令、意志自由，其本质就是行为主体通过主观意志把他律内化为自律，把内在的道德规范化为一种自觉的行动，从而实现意志的自由。君子即便一人独处时仍能严格要求自己，久而久之，就会把道德规范内化为自觉行动，不犯或少犯别人常犯的错误，哪怕是不拘小节的小毛病。

君子慎始[①]也。

——《大戴礼记·保傅》[②]

注释

①始：开始，首次。

②《大戴礼记》：又名《大戴礼》《大戴记》，相传为西汉戴德编，约成书于东汉中期。它很可能是当时大戴后学为传习《士礼》（《仪礼》前身）而纂定的参考资料汇编。

译文

君子对于开端非常慎重。

解读

老子云："合抱之木，生于毫末；九层之台，起于垒土；千里之行，始于足下。"《老子第六十四章》意思是说，大树从一棵小树苗长起；高耸的楼台由地基奠定；千里之途从第一步迈脚开始。我们常说，"良好的开端是成功的一半"。君子做事，须注重开端。好的开端应该包含三个方面：正确的方向、扎实的步伐和严谨的态度。否则，就"差之毫厘，谬以千里"了。

君子见利思辱[1]。

——《大戴礼记·曾子立事》

注释

①辱：羞耻，耻辱，不光彩。

译文

君子见到利益，就会想其中有没有不光彩、不该做的成分可能让自己受到污辱。

解读

君子立身处世，总是有着“战战兢兢，如临深渊，如履薄冰”（《诗经·小旻》）的危机意识。道德的修养，是通过对平常一点一滴小事的积极应对而积累起来的，时刻马虎不得。“君子爱财，取之有道”，面对利益时，应想到天上不会无缘无故掉馅饼，尤需谨慎。

君子义[①]则有常[②]，善则有邻[③]。

——《大戴礼记·曾子立事》

注释

①义：通“仪”，指仪容。

②常：常度。

③邻：亲邻，近邻。

译文

君子的仪容应适当有度，为善则有亲邻。

解读

“文质彬彬，然后君子。”（《论语·雍也》）君子需内在质朴与外在文华两者搭配得宜，才能展现出文雅的气质。外在仪容的重要性不言而喻。但君子注重仪容是有常度的，既不邋遢，也不奢华，以适合自己的身份为宜。君子保持内外一致，向善而行，乐于助人，人们自然都愿意亲近他。

君子之所贵者，迁善惧其不及，改恶恐其有馀[①]。

——（东汉）徐幹[②]《中论·虚道》

注释

①馀：余，不尽。

②徐幹：171—218年，字伟长，北海（今山东昌东）人，“建安七子”之一。《中论》是其发挥以孔孟为代表的儒家经文写成的一部政论著作，《隋书·经籍志》著录为六卷，今存两卷。

译文

君子所看重的是，向善唯恐有所不及，改恶担心有所不尽。

解读

向善需尽心，除恶必尽力。不因善小而不为，不以恶小而为之，这是儒家君子文化思想中非常闪光的一点。本则格言所强调的，正是这种严格要求自己的精神。

过而不文[①]，犯而不校[②]，有功而不伐[③]，君子人哉。

——（隋）王通[④]《中说·天地篇》

注释

①文：文饰，掩饰。

②校：计较。

③伐：夸耀。

④王通：584—617年，谥号文中子，隋代重要教育家、思想家，著有《文中子》《中说》《止学》等。

译文

有了过失不掩饰，别人冒犯他也不计较，做出功绩却不骄傲，这就是真正的君子啊！

解读

如何对待自己的错误与成绩，又如何对待他人的错误与成绩，这是在工作中经常会碰到的事情。现实中，一些人面对个人或本团体的错误时，常采取文过饰非、一味掩盖或者重拿轻放的态度；对待自己的成绩，往往看得过重，不能做到淡然处之，毫无谦虚之意，满是骄矜之习。相反，对于其他同志的错误或与自己相左的意见，则斤斤计较，不容许有半点申辩或调和的可能。我们为人处世，做工作干事业，归根结底都得依靠集体的力量，任何只重视个人单打独斗、唱独角戏的想法都是十分错误的。那么怎样才能使集体的力量得到最大限度发挥呢？一是要严于律己，二是要宽以待人，这才是团结同志、做好工作的要义。

君子不受虚誉，不祈妄福，不避死义。

——（隋）王通《中说·礼乐篇》

译文

君子不接受空头不实的赞誉，不祈求非分虚妄的福气，不躲避为大义而献身。

解读

获取名声，希望福佑，崇尚义气，是人人都追求的目标，本无可厚非。但是，誉有虚幻与实际之分，福存分内与分外之别，不能不加辨析。现实生活中，总有一些人，乐于追逐声名，一心获取福佑，什么名都敢要，什么福都敢享，尤其是偏爱追逐那些与自己德行根本无法匹配的赞誉，偏爱享用那些以自己身份不该享有的待遇，以至于最后忘乎所以，走向违纪违法的深渊。其实，名誉也好，福佑也罢，都不应该是凭空得来的，都需要通过自身的"修行"方能拥有。

还有一些人，在面对自己要承担的道义责任时却搞选择、讲变通。对于那些只需付出很小代价便能获得"尚义"名声的事，他们争着去做，而一旦遇到需要做出较大努力甚至付出生命代价方才能够履行义务责任时，他们往往选择犹豫、退缩与躲避。这样的做派，只能昭显伪君子的本质。

因此，只有做到"不受虚誉，不祈妄福，不避死义"，才能算得上是一个真君子。

君子修其身于暗室屋漏之地，而声流于四方万里之外，亦岂所愿哉？

——（元）欧阳玄[1]《芳林记》

注释

①欧阳玄：1274—1358年，字元功，号圭斋，生于浏阳（今湖南省），为欧阳修之后裔，元代史学家、文学家。

译文

君子修身养性，虽然居住在屋黑瓦漏的地方，但他美好的名声流播于四方万里之外，难道是其所主观希望的吗？

解读

唐代大诗人刘禹锡在《陋室铭》中有言：“山不在高，有仙则名；水不在深，有龙则灵。斯是陋室，惟吾德馨。”君子不会因为环境的困窘而放弃修身，那么“陋室”也会因君子的厚德修养而变得馨香在外，流传四方。所谓“桃李不言，下自成蹊”，也是这个道理。不过这种流芳，应尚是自然而然的，不应有刻意追求，甚至沽名钓誉的成分，否则就会成为假隐士。

祸福无常，惟人自招。祸由己作，当由己承。嫁祸于人，君子不为也。

——（明）杨慎[1]《韬晦术》

注释

①杨慎：字用修，号升庵，明正德年间状元，明朝三大才子之一。初为官因年轻气盛、禀性刚直，险些惹下杀身之祸；后发愤研究韬晦之术，得以颐养天年，并有《韬晦术》奇书流传于世。

译文

灾祸和幸福并没有固定的规律，都是人自己招来的。自己闯出来的祸，应当由自己承当。嫁祸给别人，这样的事君子是不会做的。

解读

许多灾祸，其实都是人为的“自食其果”。比如乱砍滥伐导致水土流失、旱灾洪涝；强权霸道导致战争杀戮、生灵涂炭；贪污腐败导致牢狱之灾、家破人亡。很多灾祸都是人为埋下的祸患。万一由于行为不端而惹出祸患，作为君子应敢做敢当，承担相应的责任和处罚，并改过自新。想要避祸求福，为人处世首先应该自我修身养性，注意自己的所作所为，遵纪守法，方能消灾免祸、迎祥纳福。

小人之智，亦可谋国。尽忠事上，虽谗犹可。然君子行小人之事，亦近小人，宜慎之。

——（明）张居正《权谋书》

译文

小人的某些智慧也可以用在国事上面。为了对上级忠诚，虽然进了谗言也是情有可原的。但是君子做小人做的事情，也就和小人没有什么区别了，所以君子应该特别谨慎。

解读

小人虽然道德品行不一定高尚，但其智谋或做法有时可能有益于国家和事业，如两军对垒时“兵不厌诈”等计谋的运用，对付敌人时“以其人之道还治其人之身”的做法等，亦可采用之。但这些只能偶尔为之，如果常用，君子也会落入小人行径，就变得和小人一样了。君子难当，难就难在要始终如一、坚持不懈地保持自己的品行节操。

君子处其实，不处其华；治其内，不治其外。

——（明）张居正《翰林院读书论》

译文

君子务求实质，而不图外表的光鲜；致力于自己身心的修养，而不计较身外之物。

解读

人们为人处世，经常会面临表与里、内与外的一致问题。如何选择呢？本则格言告诉我们，要追求实在的品格，要致力于内心的修养，而不能被外表的光鲜迷乱了视域，被身外的物欲扰乱了心神。只有这样做，才能成为君子。

然而，在现实生活中，特别是在当今物质文明高度发达的大背景下，人们似乎更乐意于去追求物质层面的富有和刺激，而忽视了内心的修炼与坚守。这是一种极为可忧的趋势，如果不能有所匡正、有所补救，从大的层面上讲，必然会给社会整体风气的改善造成无法估计的损害；从个人角度上看，也不利于个人品行的提升。

君子之有道，入暗室而不欺[1]，同至人[2]之无迹，怀明义以应时。

——（明）陈继儒《小窗幽记》

注释

①入暗室而不欺：在没有人看见的地方，也不做见不得人的事。

②至人：德行高超之人。

译文

君子行为处事有自己的原则：即使在没有人的地方，也不做欺心败德之事，如同道德修养高超的人来去不着痕迹。不管时势如何变化，君子始终心怀高尚的道义以应对之。

解读

本则格言体现了君子慎独的思想。《礼记·中庸》：“道也者，不可须臾离也；可离，非道也。是故君子戒慎乎其所不睹，恐惧乎其所不闻。莫见乎隐，莫显乎微，故君子慎其独也。”“慎独”既是儒家提倡的道德观念，也是自我修养的重要方法之一。一个人独处，在无人看见的地方要警惕谨慎，因为不正当的情欲容易在隐晦之处滋长，不好的意念在细微之时容易萌生。所以君子更应严格要求自己，防微杜渐，戒慎自守，对不正当的情欲加以节制，自觉遵从道德准则为人行事。

君子而诈善[①]，无异小人之肆恶[②]；君子而改节[③]，不若小人之自新。

——（明）洪应明《菜根谭》

注释

①诈善：虚伪的善行。

②肆恶：肆，放纵。肆恶，恣意作恶。

③改节：改变操守。

译文

伪装善良的君子，和恣意作恶的小人没有什么区别；君子如果改变自己的操守志向，还不如一个小人痛改前非、重新做人。

解读

君子与小人的区别，就如孔子所言："君子喻于义，小人喻于利"，"君子坦荡荡，小人长戚戚"等。如果君子诈善，便不是真君子，而是伪君子，这与小人作恶没有什么两样。君子改节，一世英名便毁于一旦，倒不如小人改过自新，还会令人心生"浪子回头金不换"的赞叹。同时，这也告诫人们，要做个真正的君子，一要真诚，二要不断地修养自身、进善止恶。

彼富我仁，彼爵[1]我义，君子固不为君相[2]所牢笼；人定胜天，志一动气[3]，君子亦不受造化之陶铸[4]。

——（明）洪应明《菜根谭》

注释

①爵：爵位，官位。

②君相：国君、国相，这里指可给予高官厚禄的统治者。

③志一动气：志向坚定专一，便可成为动摇万物的精神力量。造化：自然界的创造者。

④陶铸：陶，制瓦器；铸，冶炼。引申为造就培养，这里还包含有限制、约束意。

译文

别人有财富我坚守仁德，别人有爵禄我坚守正义，所以一个高风亮节的君子绝对不会被君主与达官的高官厚禄所束缚或收买。人的智慧能战胜大自然，理想意志可以转变自己的感情气质，所以一个有才德理智的君子绝不受命运的摆布。

解读

本则格言强调坚守仁义和独立人格的重要性，特别指出以“仁义”为道德标准和行为准则，再辅以坚定的决心和专一的精神，就可以成为一个坚守理想、抵制诱惑的人，成为一个顶天立地、无所畏惧的人。

肝受病[1]则目不能视，肾受病则耳不能听。病受于人所不见，必发于人所共见。故君子欲无得罪于昭昭[2]，先无得罪于冥冥[3]。

——（明）洪应明《菜根谭》

注释

①受病：遭受损伤。

②昭昭：显著，明显可见，公开场合。

③冥冥：昏暗不明，隐蔽场所。

译文

肝脏如果受损，眼睛就看不见；肾脏如果受损，耳朵就听不见。遭受损伤虽然在人看不见的地方，但病症一定表现在大家都看得见的地方。所以说君子如果想在公开场合成为清白之人，就先要在隐蔽场所自觉杜绝罪恶。

解读

儒家教人修养品德，首先要从“慎独”做起。所谓“慎独”，就是指在别人看不见、听不到的情况下，也能够坚守好的品行，不做任何见不得人的坏事。俗话说，“根壮而叶茂”，如果根部出现萎烂，外表的残败必然为人们所惋惜，甚至厌恶。君子的“慎独”，正如土壤下的根部，虽不为人所见，却不断汲取养分、壮大自己。君子私下里不间断修养身心，保持品行淳良，所以言行举止时刻都能表现得彬彬有礼，德行善举都能得到人们的认同。

贫家净扫地，贫女净梳头，景色虽不艳丽，气度自是风雅。士君子一当穷愁寥落，奈何辄[1]自废弛[2]哉！

——（明）洪应明《菜根谭》

注释

①辄：副词，就。

②废弛：荒废懈怠。

译文

贫穷的人家经常把庭院打扫得干干净净，贫穷的女子时常把头发梳理得整整齐齐，虽然外表算不上豪华艳丽，却有一种纯朴脱俗的气度。那么，君子一旦处于失意潦倒的境遇时，怎么能颓废不振、自暴自弃呢？

解读

仪容外表，往往是内心情感的真实写照。内心荒芜，则常常蓬头垢面；心无杂草，则时时干净优雅。仪容不仅是展现给他人的一种形象，更象征着一种自尊自爱。它无关乎贫穷富贵，而源于自信从容，源于对真善美的追求。对于君子来说，即使遭遇事业挫折、人生失意等穷愁寥落的境况，也不可颓废丧志，任由衣衫褴褛、神情懈怠。有个故事说一个经营中的服装店生意不好，但店主仍然将店里打扫得一尘不染，还插上几朵鲜花，慢慢地，顾客便被吸引，生意自然就好转了。洁净优雅是一种认真的人生态度，不仅可以感染自己，更能感染他人。对于君子来说，绝对不能被一时的困顿击倒，即便挫折失意之时，也要不坠青云之志。

天之机缄[1]不测，抑而伸，伸而抑，皆是播弄[2]英雄、颠倒[3]豪杰处。君子只是逆来顺受，居安思危，天亦无所用其伎俩[4]矣。

——（明）洪应明《菜根谭》

注释

①机缄：原意指机关开闭，引申为推动事物发生变化的力量，亦指气数、气运。

②播弄：摆布，摆弄。

③颠倒：使错乱，搞乱。

④伎俩：手段，花招。

译文

上天的奥秘变幻莫测，有时让人先陷入困境后再转入顺境，有时又让人先置身荣华富贵后再陷于窘境。不论身处何种境地，都是上天有意捉弄那些自命不凡的英雄豪杰。因此，一个有才德的君子面对逆境与挫折时要能处之泰然，平安无事时仍要不忘危难，这样就连上天也无法对他施展伎俩了。

解读

君子要想保有纯真本性，就必须以平常心来看待自己所处的环境。身处窘境时不卑不亢，身处顺境时不骄不躁，能看透这一点，才能真正有定力，不受时势命运所摆布。

衰飒[1]的景象，就在盛满中；发生[2]的机缄，即在零落[3]内。故君子居安宜操一心以虑患，处变当坚百忍以图成。

——（明）洪应明《菜根谭》

注释

①衰飒：飒，本义是风吹落叶的声音。衰飒，凋落、枯萎，指境遇衰败没落。

②发生：生育，生长。

③零落：指人事的衰败凋落。

译文

衰败零落的景象，往往很早在繁茂时就种下祸根；机运转变的种子，多半在零落衰败时已经孕育发芽。所以君子应当在平安无事时保持清醒的理智，以防范未来某种祸患的发生。一旦处身于变乱灾难之中，就要拿出毅力咬紧牙关，坚定信念继续奋斗，以求事业成功。

解读

日月盈亏是自然规律，人生兴衰也不断变化。《易经》提出“日中则昃，月盈则亏”的道理，说明天地间万事万物都会由盛而衰，而衰败的预兆往往在极盛时期就已经显露。人的一生同样如此，得意的时候应保持清醒，防患于未然；失意的时候不应自暴自弃，而要积蓄力量突破困境。所以不论是“盛”是“衰”，都应具备良好的意志和心态。

君子处事也，甘恶衣粗食，甘艰苦劳动，斯可以无失矣。

——（清）颜元[1]《颜李遗书·颜习斋先生年谱》

注释

①颜元：1635—1704年，清初儒家、思想家、教育家，颜李学派创始人。颜元一生以行医、教学为业，继承和发扬了孔子的教育思想，主张“习动”“实学”“习行”“致用”几方面并重，培养文武兼备、经世致用的人才。

译文

君子办事，不介意穿破衣、食粗食，而以艰苦劳作为美，这样就可以没有过失了。

解读

勤劳与俭朴，是中国人所遵奉的传统美德。为什么要崇尚勤劳，追求俭朴？因为勤能补拙，俭以养廉。仔细一想，何尝不是如此？现实生活中，一些人偷盗欺诈，一些人恃强凌弱，甚至还干起逼良为娼、杀人越货的勾当，给社会的安宁和人民的生命财产安全带来严重威胁。一些掌握公权的国家工作人员，无视法纪约束、罔顾道德规范，养尊处优、鱼肉百姓，直至贪腐堕落，最终走向罪恶的深渊。而若追问，何以能至此万劫不复之境地？根本上还是在价值观上出了问题，以贪图享乐为追求，以骄奢淫逸为风尚，以这样的价值观念为人生信条，怎么可能不出问题呢？因此，人生于世，想要不犯错误，不栽跟头，一定要把勤劳和俭朴的观念镌刻在灵魂深处。

居家孝，临财廉，磊磊落落，君子人也。

——（清）张廷玉《赠中议大夫梅君传》

译文

在家孝顺长辈，面对财物不贪心，胸怀光明坦荡，这就是君子一样的人。

解读

要想成为一名君子其实很简单，居家的时候孝敬长辈、友爱兄弟，在外的时候不贪求不义之财，无论做什么都光明正大、坦坦荡荡，这样就是一个君子了。清朝宰相张英曾以“六尺巷”佳话闻名乡里。其子张廷玉这里强调孝道、廉洁和坦荡光明是君子必备的品质，值得令人重视。只要做到这些，就能够远离各种错误言行，与低级趣味划清界限。

君子爱财，取之有道；小人放利[1]，不顾天理。

——（清）周希陶《增广贤文》[2]

注释

①放利：求利。

②《增广贤文》：原名《昔时贤文》，也称《古今贤文》，是我国古代一部流传甚广，极有影响的蒙学读本。书名最早见于明代万历年间的戏曲《牡丹亭》。清代咸丰、同治年间，有一位名叫周希陶的老学究，依据古代文献佳句和民间流传的格言谚语，对其加以重新修订，使其内容更丰富，语言更精练、更通俗易懂，朗朗上口，易记易诵，流传至今。

译文

君子爱钱财，但以正当的方式得到它；小人图利益，往往不顾道德伦理去获取。

解读

君子也需要用钱财来维持生活，但他们总是通过正当的途径去获取钱财。小人面对利益会不择手段，而不在乎道义和良心。君子之道合于天理，所以可以获利长久；小人逐利违背天理，故费心营取终难得安稳。我们应当通过正当的途径去获取钱财，无论是富贵还是贫贱，都不能违背这个原则。

贤者不炫己之长，君子不夺人所好。

——（清）周希陶《增广贤文》

译文

贤者不炫耀自己的长处，君子不夺取别人所喜爱的东西。

解读

真正的贤者安于内心的平静，不会去刻意炫耀自己的长处。在浮躁的当今社会，人人争于表现，往往华而不实，而忽视了内心的修养与提升。正直的人，不能通过一些手段夺取别人所喜好的东西，这在竞争激烈的今天也有借鉴价值。通过自己的努力，靠自己实力取得成绩和利益，这才是君子所应遵循的。

芝兰生于深林，不以无人而不芳；
君子修道立德，不为穷困而改节。

——（清）周希陶《增广贤文》

译文

兰花生长在冷清偏远的山谷之中，不因缺少他人的观赏而停止芬芳开放。品德高尚的人修身立道，不会因穷苦的境遇而改变自己高尚的品节。

解读

兰花不因无人赏识而停止散发幽香，以此来类比君子也应如兰花，保持高尚情操，即使面对穷困也不会动摇自我的崇高品性。这告诫人们要坚持洁身自好，不应随波逐流，有亏气节德操。尤其是在孤独、困难，遭受误解、冷遇的境况下，尤其需要保持充分定力。《孔子家语》云：“与善人居，如入芝兰之室，久而不闻其香，即与之化矣。”《增广贤文》里这则格言，实源于此。

古之君子自待厚而不欺[1]其志。

——（清）方苞《徐蝶园诗集序》

注释

①欺：辜负。

译文

古代的君子十分看重自己的名节，不愿意辜负、违背自己的志向。

解读

在日常的工作生活中，有时候难免会遇到要说违心话、做违心事的选择，基于各种各样的理由，有些人会选择屈从。但这样的做法，既与本人的真实意愿相违背，在实际过程中所产生的效果也未必是积极正面的。特别是一些人昧着自己的良心，屈就恶势力，甚至同流合污，给社会带来危害。怎么样才能避免这样的局面出现呢？就是应当遵从自己的良知，尊奉正确的价值准则，不去随意曲从歪风邪气。

君子不以显达尊其身，不以穷约卑其行，淡然无欲，冲然有守，心不动，何也？我大而物小。

——（清）方正瑗[①]《方齐补庄·逍遥游》

注释

①方正瑗：安徽桐城人，生卒年不详，约清雍正末年在世。

译文

君子不会因为地位显赫就抬高自己，也不会因自己尚处穷困之中就降低对自己品行的要求。对欲望表现得很淡然，谦虚谨慎，坚守自己的道德准则，内心毫不动摇。为什么能做到这样呢？因为自我内心很强大，而把一切外在的物欲看得很渺小。

解读

人生于世，总会面临顺境和逆境，总会不断遭遇起起伏伏、经历高潮和低潮。那么该以什么样的心态来应对呢？本则格言告诉我们，得意时不能猖狂忘形，失意时要能做到不以贬损人格做交易。要做到这样，根本在于内心要禁绝贪念，要做到坚定严谨，清正自守。只有内心足够强大，才能不被外物奴役。“海纳百川，有容乃大。壁立千仞，无欲则刚”，阐发的也是同样的道理。

气节风骨

君子敬[1]以直[2]内，义[3]以方外[4]。

——《周易·坤卦》

注释

①敬：恭敬。

②直：使动用法，使……正直。

③义：合乎道义。

④方：使动用法，使……端正。方学渐《性善绎》卷一说：“君子敬以直内，义以方外，直方自有定也。”

译文

君子用严肃恭敬的态度来保持内心的正直和真诚，用合乎道义的方式来规范自己的言行。

解读

本则格言关乎自身修养的两个方面，一是内在精神，二是外在表现。君子心中常存敬畏，用十分严肃的态度来秉持内心的正直而不虚伪，这是君子立身的根本。外在表现应谨言慎行，君子说话、做事，要注意正当，合乎道义。内在是直接指向自己的，外在则强调与他人的关系。君子应该做到严格要求自己，必然会受人尊敬和拥戴。这样的君子并不孤单，必定会有人亲近他，所谓“德不孤，必有邻”即指此。

鲍叔[1]，君子也。千乘之国[2]，不以其道予之，不受也。虽然，不可以为政。其为人也，好善而恶恶[3]已甚，见一恶，终身不忘。

——《管子·戒》

注释

①鲍叔：约公元前723—前644年，即鲍叔牙，春秋时期齐国大夫，与管子是莫逆之交；曾经推荐管子为齐国相国，与管子共同相齐，辅佐齐桓公成为霸主。

②千乘之国：千乘，兵车千辆，古以一车四马为一乘。千乘之国，战国时期的诸侯国，小者称千乘，大者称万乘。

③恶恶：讨厌邪恶。前一个恶是动词，后一个恶是名词。

译文

鲍叔牙是一位君子。一个具有千乘的诸侯国，如果不以正当的方式赠送给他，他也不会接受。即便这样，也不可以用他治理朝政，因为他这个人，喜爱善良、憎恶邪恶已经到了过分的地步，见到一件邪恶的事，他就会终身不忘。

解读

古人云："人非圣贤，孰能无过？" 当政者需要对小的过错给予包容。"水至清则无鱼，人至察则无徒"。如果百姓稍有些过错，官员稍有些失误，就立马上纲上线，不给他们改过的机会，动辄得咎，那么定会导致人心惶惶。本则格言中的鲍叔牙是位不折不扣的君子，但是太过严苛，不能容人之短、宽人之过，所以他并不适合从政育民。

子曰："君子不器[①]。"

——《论语·为政》

注释

①器：器具，器物。

译文

孔子说："君子不像器具一般。"

解读

器皿，像酒瓶、米缸、水杯等，都有其固定的用途，很少作为他用。孔子说，君子不像器具，是强调君子不能只具备某一方面的才能，而需兼备多种才干，以便堪当大任。这类似于老子所说的"上善若水"，君子之德才要如水一样，随物赋形，可根据需要不断改变形状。体现在君子的能力上，便是能够克服各种困难，适应各种环境，胜任各种工作。这是一种比较完美的德能要求。

对今人而言，在社会分工越来越细化的环境中，一专多能固然值得赞赏，各有专长或只专一技也没有什么不好，且很多更重要的工作需相互合作、取长补短，需要发挥团队的创造性。

子曰："君子不以言举[1]人，不以人废[2]言。"

——《论语·卫灵公》

注释

①举：提拔。

②废：否定。

译文

孔子说："君子应做到不因为一个人说话中听就提拔他，也不因为讨厌一个人就否定他正确的言论。"

解读

人都有好恶之心，都希望听到对自己正面的评价，而忌惮负面的看法。对自己喜欢的人，总愿意多交往，而对讨厌的人，则会避之不及。从感情上讲，或许有可以原谅之处；但是如果据此原则来处理工作，尤其是处理涉及其中的人事，那就大错特错了。孔子这里所说的君子的做法，就是一种正确的选择。历史上有很多名臣因诤谏而受到重用，如唐太宗与魏徵，进谏者的风骨、纳谏者的胸怀，都得到了完美体现。这种做法，在当今社会，对各级领导者来说，也具有重要的借鉴意义。

君子固穷①，小人穷斯②滥③矣。

——《论语·卫灵公》

注释

①固：安守，坚守。

②斯：则，就。

③滥：原意指水泛滥溢出，引申为没有操守、胡作非为。鲁哀公四年（前491年），孔子带领学生辗转来到陈国、蔡国的边境，恰好遇上陈国与吴国交战，社会秩序混乱，所以断绝了粮食，一时陷入困顿。子路对此不解，就问孔子："君子亦有穷乎？"（君子也有穷困的时候吗？）孔子做了以上回答。

译文

君子能安守穷困，小人一穷就胡作非为了。

解读

唐代大诗人杜甫有诗云："丈夫四方志，安可辞固穷！"（《前出塞·其九》）意为大丈夫志在天下，不会为一身困顿介怀。而对于小人来说，他们关注、营求的都是自家每天的柴米油盐，若生活陷入流离困顿，他们难免不铤而走险，甚至胡作非为。坚守还是作乱，只在于君子、小人的价值选择不同。君子为天下谋福祉，小人专营于一己之利。君子所为需提倡，小人也值得同情。古语云："仓廪实而知礼节。"大部分的小人会随着生活的殷实而走上知礼有节的道路。作为君子，要努力朝着这个方向去引导。

子路曰："君子尚勇乎？"子曰："君子义以为上[①]，君子有勇而无义为乱，小人有勇而无义为盗。"

——《论语·阳货》

注释

①义以为上：以义为上。

译文

子路问："君子倡导勇敢吗？"孔子说："君子以道义为上。君子如果只有勇敢而缺乏道义，就会犯上作乱；小人如果只有勇敢而缺乏道义，就会沦为盗贼。"

解读

孔子论君子，将勇气作为其重要品格之一，但是孔子强调勇气必须要受到道义的约束。在孔子看来，君子之勇如果不受道义约束，就有可能导致混乱；小人如果也逞匹夫之勇而无视道义存在，就会沦落为盗贼，这两种情形都是于社会大有危害的。需要指出，孔子绝非否定勇气，而是说勇气必须要通过正确的方式发挥作用。长期以来，君子之勇被有意无意忽略，以至于一谈君子，总是给人一种温柔敦厚的老实人形象，仿佛君子没有骨力、没有勇气，这实在是一种偏见。

子夏曰："君子有三变：望之俨然，即之[1]也温，听其言也厉。"

——《论语·子张》

注释

①即之：接近他，接触他。

译文

子夏说："君子有三变：远远地望去，庄严可畏；走近了，却温和亲切；听他说话，又义正词严。"

解读

君子是什么样子呢？子夏这里说"三变"，形象地描绘走近君子所获得的步步深入的印象。首先，远望君子，能够感受到其所散发的凛然刚严的气息，等到真的与君子近距离接触，又发现君子可亲可近，令人如沐春风，乐与相交。只是，如果据此就认为君子能够轻易地与俗俯仰、和光同尘，那就大错特错了。君子虽然亲切温和，但是在原则问题上，是不会丧失立场、丢掉坚守的。子夏这里所言，是从观察者的角度说的，但是对于学君子、做君子，也有珍贵的启示。

焉[1]有君子而可以货[2]取乎？

——《孟子·公孙丑下》

注释

①焉：疑问词，哪里。

②货：动词，用财物贿赂、收买。

译文

哪里有君子可以拿财物收买的呢？

解读

君子的行为标准在于是否符合道义，不会因为财物的诱惑而丢掉原则。孟子曾说过："富贵不能淫，贫贱不能移。"（《孟子·滕文公下》）富贵不能扰乱君子之心，贫贱也不能改变君子之志。当今一些领导干部贪污受贿，走上违法乱纪之路，正在于他们缺少君子的气节风骨，轻易被钱财所收买。

君子所性[1]，虽大行[2]不加焉，虽穷居不损焉，分[3]定故也。

——《孟子·尽心上》

注释

①所性：所赋有的品性，这里指仁、义、礼、智、信等道德情感。

②大行：广为流行，普遍流行。

③分：本分，天性。

译文

君子的品性，即使理想通行于天下了也不会有所增加，即使贫困隐居了也不会有所减少，这是由他的天性决定的。

解读

君子遵从道义和善良品性，内心始终自足而完满，不患得患失、蝇营狗苟，大道行则出，大道没则隐，随世浮沉，顺势而为，没有什么能够影响自己的本性。君子宠辱不惊、穷达不变，这是非常令人向往的人生境界。

孟子曰："大匠不为拙工改费绳墨，羿[1]不为拙射变其彀率[2]。君子引而不发，跃如也。中道而立，能者从之。"

——《孟子·尽心上》

注释

①羿：后羿，古代神话传说中的神射手，有"后羿射日"的传说。

②彀率（gòu lǜ）：朱熹注曰，彀率，弯弓之限也，即弓张开的程度。

译文

孟子说："高明的工匠不会因为拙劣的工人而改变绳墨规矩，后羿也不会为了拙劣的射手而改变射箭的标准。君子（教导别人正如射箭一般）拉弓而不射箭，只是做出跃跃欲试的样子。君子在正确的道路之中站住，有能力的人便跟随而来。"

解读

君子是一种比较高的道德标准，是人人心向往之的人格典范。君子的境界虽然很难达到，但并不因此而降低标准，以迁就人们的惰性。同时，君子又善于表率和引领，就像教人射箭，拉满了弓却不射，让人感受到弓满如月的气势而自发生出学习和实践的欲望。也就是说，君子重视让人们自己去观察体会，激发他们追求进步的动力，但不会越俎代庖。这样，作为典范的君子，只要站在路的中央，朝着正确的方向前进，就可以感染有能力的人追随他了。

君子和而不流，强哉矫[1]。中立而不倚，强哉矫。国有道，不变塞焉，强哉矫。国无道，至死不变，强哉矫。

——《礼记·中庸》

注释

①强哉矫：赞叹之词。强，坚强、强大；矫，强健的模样。

译文

君子与人和气相处而不随波逐流，这才是真正的强啊！恪守中正而不偏不倚，这才是真正的强啊！国家政治清平而不改变困顿时的气节，这才是真正的强啊！国家政治黑暗而至死不改变志向，这才是真正的强啊！

解读

常人之“强”，多半在能胜过别人；君子之“强”，在能以义理战胜其私欲，使大义常伸而不为私欲所屈。譬如，处人尚和，一般人常常和而同流，但君子蔼然可亲之外自有主见，能够做到“和而不流”，决不会违背道义随人做不善之事。处事贵于中立，一般人因私欲难免有偏向；君子却能卓然守正，秉公办事，此非以义理自胜其私欲者不能也。国家昌明需要人才的时候，君子出来一展宏图，但决不因此而忘本，而是坚守自己过去身处陋巷时的美好情操和追求。及至国家困厄或个人沦落之时，一般人多随俗沉浮；君子却能坚持操守，宁死不肯变节。君子之强如此，天下之物无有能使之屈矣！

联合国教科文组织法中有一句名言："战争起源于人的思想，故务需于人之思想中筑起保卫和平之屏障。" 这表明，思想及思想活动是人的一切活动的起因，是制约人这样或那样行动的总开关和总按钮。同时也表明，真正强有力的东西不在于体力或物质，而在思想和精神力量。本则格言告诉我们：君子之强，强在人格力量，体现为和而不流，体现为柔中有刚，体现为坚守信念，体现为固守高远志向和操守不动摇。一句话，孔子所推崇的君子之强，核心在坚守中庸之道，无论环境如何变化也决不随风摇摆，决不中途放弃。

义之所在，不倾[1]于权，不顾其利，举国而与之不为改视，重死持义而不桡[2]，是士君子之勇也。

——《荀子·荣辱》

注释

①倾：顺从，归附。

②桡：屈从，屈服。

译文

只要是道义之所在，就不屈服于权势，不顾及自己的利益，即使整个国家的人都来反对他，也不改变自己的看法，珍惜生命却能坚持道义而不屈从，这就是士君子的勇敢。

解读

孟子说，生命是我所追求的，大义也是我所追求的，二者不能够同时得到的话，那么就舍弃生命而选择大义了。在大义面前，无论面对的是怎样的困难，君子自岿然不动。“舍生取义”“杀身成仁”，历史上留下太多光辉的身影。林则徐就曾在国难前疾吁：“苟利国家生死以，岂因祸福避趋之！”清末的“戊戌六君子”为维新变革而慷慨赴义，其言其行，都符合这个原则。

不诱于誉，不恐于诽[1]，率道而行，端然正己，不为物倾侧[2]，夫是之谓诚[3]君子。

——《荀子·非十二子》

注释

①诽：毁谤，说人坏话。

②倾侧：这里指内心的动摇。

③诚：真正，确实。

译文

不被荣誉所诱惑，不被流言毁谤所吓倒，遵循道义原则，严肃地端正自己的言行，不为身外之物所动摇，这样的人才称得上是真正的君子。

解读

追求名誉，不愿意被责难，这是人的正常心理。但是如果凡事都汲汲于沽名钓誉，只要别人或上级一表扬，就忘乎所以；而一旦遇到外界的责难、诽谤、诋毁，就担心自己名利受损，畏首畏尾，自乱方寸，这些都是不正确的态度。假如一件事情本身是错的，做了就会损害集体和大多数人的利益，但能使自己赢得少数获利者的“赞歌”，那么该如何选择呢？难道应该为了自己的所谓名声而甘愿做错事吗？显然不是！同样，如果做一件事，能够普惠大众，即便是因损害少数利益集团而招致他们的抨击甚至是陷害报复，不也应该义无反顾去做吗？古人云，“知我罪我，其惟春秋”，说的也就是这个道理。

君子能为可贵，不能使人必贵己[①]；能为可用，不能使人必为[②]己。

——《荀子·大略》

注释

①贵己：以己为贵，尊重自己。

②为：用。

译文

君子能够做到使自己被人尊重，但不能要求别人一定尊重自己；能够做到使自己被人任用，但不能要求别人一定任用自己。

解读

君子修养心性、努力提高能力都是自觉的行为，就像生于幽谷的兰花，并不因无人欣赏而放弃散发馨香。君子具有“推己及人”的优良品德，乐于成人之美，不强人所难。孔子说：“己所不欲，勿施于人。”对于自己不想做的事情不要强求别人去做。不唯“己所不欲”，即使是“己之所欲”，也不可强行控制他人意志。君子能够使自己成为受人尊敬、堪当重任的人，但一定不会强求别人尊敬、重用他。其实，受人尊敬、委以重任于君子而言，都是自然而然、水到渠成的结果。“桃李不言，下自成蹊”，说的就是这个道理。

礼为情貌者也，文为质饰者也。夫君子取情而去貌，好质而恶饰。

——《韩非子[①]·解老》

注释

①韩非子：约公元前280—前233年，战国时期杰出的思想家、哲学家和散文家，是法家思想的集大成者。著有《韩非子》一书，重点宣扬了法、术、势相结合的法治思想，为秦统一六国提供了理论武器，也为以后的封建专制制度提供了理论根据。

译文

一个人的礼仪容止为内心的显现，文采华章为实质内里的外在修饰。君子看重的是内心情感而不是外貌，喜爱的是内在朴实而非外在装饰。

解读

“文质彬彬，然后君子”（《论语·雍也》），文华、质朴配合得宜，才具谦谦风度。这是孔子所赞扬的有礼有节的君子形象。韩非子是法家的代表人物，宣扬刑名法术之学，对外在的美貌华饰有所排斥，认为它们掩盖了真实的内心与本质。两家观点虽异，却有共同的立场，即质为文本，内在品质是最需要坚守的东西。

君子义死[1]，而不可以富贵留也；义为，而不可以死亡恐[2]也。

——《淮南子·精神训》[3]

注释

①义死：为义而死，高尚地死。

②以死亡恐：用死亡来恐吓他。

③《淮南子》：亦称《淮南鸿烈》。西汉刘安（前179—前122年）主编。刘安系沛郡丰（今江苏丰县）人，汉高祖刘邦之孙，封淮南王。他在汉景帝时召集众多门客，杂采先秦诸子之说，著成《淮南子》。

译文

君子为义而死，是不可能用富贵来挽留的；君子为义而行，是不可能用死亡来恐吓的。

解读

荀子云："（君子）畏患而不避义死，欲利而不为所非。"（《荀子·不苟》）意思是说，君子不会因害怕祸患而不蹈义捐躯，也不会因喜欢利禄而做非法之事。孟子又云："富贵不能淫，贫贱不能移，威武不能屈。"（《孟子·滕文公下》）意思是说，大丈夫不为金钱地位所迷惑，不为贫贱所动摇，不为权势所屈服。荀子、孟子所言均为本则格言的绝好注脚，可相互参看。

君子非仁义无以生[1]，失仁义，则失其所以生[2]；小人非嗜欲无以活，失嗜欲，则失其所以活。故君子惧失仁义，小人惧失利。观其所惧，知各殊矣。

——《淮南子·缪称训》

注释

①无以生：没有了可以生存的依据。

②所以生：能够生存的依赖。

译文

对于君子，仁义是其所以生存的理由，丧失了仁义，就失去了其生存的前提；对于小人，嗜欲是其所以能够生存的依据，丧失了嗜欲，就失去了其生存的前提。因此，君子害怕丧失仁义，小人害怕丧失嗜欲。观察他们各自所恐惧的是什么，就知道他们的不同了。

解读

一个人最希望得到的，一旦得到，也就成了他最害怕失去的。如君子重义，小人重利。君子怕失去义，小人怕失去利。因此，观察一个人最害怕失去的是什么，就从侧面了解了他最希望得到的是什么，便可以判别他是君子还是小人了。

君子外宽而内直。

——《韩诗外传》[1]

注释

①《韩诗外传》：相传为西汉韩婴撰。韩婴，燕（今河北）人，汉文帝时为博士，景帝时为常山太傅。此书杂引古事古语，考证诗词，固时常与经义不相吻合，故称“外传”。

译文

君子外表看起来宽和，而内心却正直有原则。

解读

君子的形象，一直是被塑造成温润而泽、春风和煦的，但这绝非意味着君子没有原则、没有立场、没有是非。君子做人做事，外表宽厚和顺，但内心绝对有自己的原则和道义，不会随意盲目和曲从不正确的主张。倘若以为君子性格温顺平和而对其进行要挟绑架，那么注定无法达到目的。

天不为人之恶[①]寒而辍其冬，地不为人之恶险而辍其广，君子不为小人之匈匈[②]而易[③]其行。

——（西汉）东方朔[④]《答客难》

注释

①恶：厌恶，讨厌。

②匈匈：喧哗、吵嚷；凶暴的样子。

③易：改变。

④东方朔：西汉著名的文学家。汉武帝即位后，征四方士人。东方朔上书自荐，诏拜为郎。他性格诙谐，言词敏捷，滑稽多智，虽言多涉朝政，但武帝只以俳优视之。

译文

天不会因为人们不喜欢寒冷而去除冬天，地不会因为人们不喜欢险阻而舍弃广袤，君子不会因为小人的凶暴吵嚷而改变操守和作为。

解读

天地万物，都会遵循一定规律，通过一定表现形式而存在。这些客观规律和客观存在，不以人的意志和好恶为转移。君子修其道德，正如大道运行，自有其轨迹和目标，不因为小人的干扰而改辙。“人恶寒”“人恶险”“小人汹汹”，是小人对恶劣环境的抗拒，心畏之而恶之，君子则能够克服这些困难，勇敢而无畏地前行。

君子以义死难[1]，视死如归。

——《史记·范雎蔡泽列传》

注释

①死难：死，动词；难，大难，国难。死难，为难而死。

译文

君子仗义赴难而死，视死如归。

解读

关于义与生、道义与生命的关系，孟子有一段名言："生，亦我所欲也；义，亦我所欲也，二者不可得兼，舍生而取义者也。"（《孟子·告子上》）孟子以严肃的态度、庄重的语言，阐述了一个重要的主张：义重于生，当义和生不能两全时，应当舍生取义。司马迁在《史记》中的这段议论，与孟子的主张前后照应，甚至比孟子所言更富于针对性和可操作性。"视死如归"也因此成为后世仁人志士自我激励的座右铭。

君子进必以道[①]，退不失义。

——（西汉）桓宽《盐铁论[②]·非鞅》

注释

①以道：依据大道、原则。

②《盐铁论》：西汉桓宽所著，是西汉时期的一本政论性散文集，记述了汉武帝时期涉及政治、经济、军事、外交、文化等多方面的一场大辩论。

译文

君子进的时候要遵循道义准则，退的时候也要不失道义准则。

解读

在古代，出处进退对于知识分子而言是一件大事。假如不辨是非而一意入世，就很可能会玷污一世清名；假如不合时宜退守商山，又难免错过了建功立业的良机。那么，究竟有没有一个可供遵循的标准呢？本则格言就确立了一个标准。当一个人做出人生选择时，他应该首先弄清自己能够并应当承担的责任，仔细掂量自己的选择合不合乎道义，如果能无论进退都可合乎道义，就问心无愧了。

夫君子非不欲仕也，耻夸毗[1]以求举[2]；非不欲室也，恶登墙而搂处[3]。

——《后汉书·崔骃列传》

注释

①夸毗（pí）：毗，阿附。夸毗，以谄媚、卑屈取媚于人。

②举：举孝（子）廉（吏），是汉朝的一种由下向上推选人才为官的制度。

③登墙而搂处：处，处女。这是一个典故，出自《孟子·告子下》："逾东家之墙而搂其处子，则得妻；不搂，则不得妻；则将搂之乎？"强调礼的重要性，非礼勿行。

译文

君子并不是不想做官，而是耻于用献媚阿附的方式来求取（举孝廉）；并不是不想娶妻，而是厌恶以登东家墙、搂其处子的方法来得妻。

解读

"金榜题名""洞房花烛"，是人生两大乐事，对于君子来说也是如此。但如果通过不正当的手段，靠出卖人格尊严、践踏礼义廉耻来"入仕""娶妻"，却是君子不会做的。君子为人有底线，处事有原则，不应为达到目的而不择手段。

君子不惧死，而畏无礼。小人可欺天，而避实祸。

——（晋）杜预《守弱学》

译文

君子不恐惧死亡，却害怕失去礼节。小人可以欺瞒上天，却躲避实际的灾祸。

解读

君子不畏强权，他们总是在正义面前敢于坚持，勇于牺牲。但君子也不一味蛮干，不到最后关头，他们不会轻易涉险。君子看重礼节，一方面是其遵循的行为规范，另一方面也有助于与人和谐相处，有助于问题得到妥善解决。小人做事看似无所顾忌，其实是欺软怕硬的，他们这样做是为保全自己、捞取实惠。不要与小人做消耗精力的斗争，把自己的事做好，这样才能为国家做出更大贡献，为自己开拓更大发展空间。

锯牙之兽，虽低伏而见惮；挥斧之虫，虽跧[1]形而不威。故君子被褐[2]，穷而不可轻；小人轩冕[3]，达而不足重。

——《抱朴子外篇·博喻》[4]

注释

①跧（quán）：蜷伏。

②褐：通“遏”，阻止，抑止。

③轩冕：乘卿大夫的轩车，穿卿大夫的冕服。

④《抱朴子》：晋葛洪撰，中国道教的经典著作。其中“内篇”主要讲述神仙方药、鬼怪变化、养生延年、禳灾祛病，属于道家养生范围；“外篇”则主要谈论社会上的各种事情，属于道家政治范畴。

译文

锯掉牙齿的猛兽，即使低身俯伏还是让人畏惧；挥舞臂斧的螳螂，即使蜷曲积聚力量也显示不出威风。所以君子即使遭打压受困也不能被轻视；小人乘轩车戴冠冕，虽显达也不值得尊重。

解读

世上总有一种人，功夫未到却喜欢作威作福、装模作样，其实都是色厉内荏、经不起考验的。真正厉害的角色，哪怕一时沉潜低伏，但元气依然充盈，让人生出敬畏之感。本则格言以寓言式的笔墨，阐述了这样一个道理：君子和小人，在人格上判然有别。君子尽管有时会遭穷受厄，但是他的人格力量容不得人轻视；小人纵使沐猴而冠、粉墨登场甚至攫取高位，也不值得看重。

君子无邑邑[①]于穷，无勿勿[②]于贱。誉之而不加劝[③]，非之而不加沮[④]。定外内之分，夷[⑤]荣辱之心。立不易[⑥]方，斯有恒也。

——《金楼子·立言篇》[⑦]

注释

①邑邑：通“悒悒”，忧闷不乐的样子。

②勿勿：着急。

③劝：勉励。

④沮：沮丧，终止。

⑤夷：平。

⑥易：更改，改变。

⑦《金楼子》：南北朝梁元帝萧绎所撰，他拣择古代帝王、后妃、名王藩属，抄录编写古代经史子集中这些人物的嘉言懿行或丑事劣迹，分别予以褒奖或鞭笞，以达到警世或醒世的教育励志作用。其中颇多名言警句，对为人立身处世颇有启迪和裨益。

译文

君子不因贫穷而忧闷，不因地位低下而焦心；不因人们的赞美而勤勉，也不因别人的非议而沮丧。他能够认定内我和外物的区别，能分清光荣和耻辱的界线。立身于不变易，这样才能够保持恒久。

解读

本则格言的中间四句引自《庄子·逍遥游》，形容宋国的一位贤人："举世誉之而不加劝，举世非之而不加沮，定乎内外之分，辩乎荣辱之境，斯已矣。"从中就可以看出作者宣扬的是独立不居、无功无己无待的道家思想。在他看来，君子需保持自身人格的独立性，拥有精准的是非善恶的判别能力却无利益之心，无论世事怎样变迁，世风如何变化，都能够无所畏惧，坚持己见，保持对真理一贯的坚定态度。历史总是在曲折中前行，君子就如同历史起落大潮中的定海神针，从古至今传承着最具凝聚力的精神力量，亘古不变。

众见其利者，非利也。众见其害者，或利也。君子重义轻利，小人嗜[①]利远信，利御[②]小人而莫御君子矣。

——（隋）王通《止学·利卷三》

注释

①嗜：喜欢，贪恋。

②御：御使。

译文

大家都能看见的利益，不一定是利益；大家都能看见的祸害，却可能是利益。君子看重义而轻视利益，小人贪恋利益而避开信用，所以说利益可以驱使小人却无法驱使君子。

解读

小人容易被利益驱使，做出违背道义的事情。这样获取利益，未必是件好事，甚至会带来祸害，最终害人害己。君子重义轻利，永远将道义摆在利益前面，就不会受制于利益，从而活得自由坦荡。在现实生活中，人们经常会遇到“义”和“利”的冲突，如物质产品生产中质量与数量的矛盾，文化产品生产中社会效益与经济效益的矛盾等。本则格言对我们摆正义与利的正确关系，摒弃为富不仁、见利忘义的观念，做到见利思义、义在利先及义利并举，颇有启示意义。

君子临大节而不可夺[①]也。

——（唐）吴兢《贞观政要·求谏》[②]

注释

①夺：用强力而使之动摇改变。

②《贞观政要》：一部政论性的历史文献，唐代史学家吴兢（670—749 年）撰。此书以君臣对答的方式，记录了贞观年间唐太宗和身边大臣如魏徵、房玄龄、杜如晦等的政论，是对贞观之治的历史经验的系统总结和全面介绍。

译文

君子在面临国家社稷存亡安危等大节时，不会动摇屈服。

解读

“临大节而不可夺”一语，出自《论语·泰伯》。这里则将其直接视为君子的宝贵品质之一。孟子说，生命是我所追求的，大义也是我所追求的，二者不能够同时得到的话，那么就舍弃生命而选择大义了。在大义面前，无论面对的是怎样的困难，君子自岿然不动，不改变自己的意志和追求。孔子在《论语》中说“三军可夺帅也，匹夫不可夺志也”；“岁寒，然后知松柏之后凋也”，可与本则格言相互参看。

愿君学长松，慎勿作桃李。

受屈不改心，然后知君子。

——（唐）李白《赠韦侍御黄裳二首》

译文

但愿人们都学常青的松树，而不要做艳丽一时的桃李。受到屈辱和打击而不改初心，方显出君子的风采。

解读

桃与李虽然绚丽多彩、果实鲜美，但一入深秋便随风而凋零，光秃着枝干以待来年的煦阳暖风，很有些趋炎附势的媚态和不敌困苦的柔弱之姿。而松树能够抵御风霜雨雪，四季常青，保持一贯的坚挺姿态，甚至在霜雪中更见苍翠挺拔。松与桃李在季节轮换中的表现，本是自然的植物学属性，但是在具有价值判断标准的人类眼中，被赋予了鲜明的道德伦理品格。李白此处劝人“学长松”而“勿作桃李”，就是将桃李遇秋而荣落的自然属性打上娇媚柔弱的道德标签，而将松树的经冬耐寒看成是君子人格的代表。

这种以草木而喻人格的做法，被称为“比德”。“比德”必须要确实存在自然属性与道德人格之间的相似性、关联性。以“君子”为例，中国古人将玉、松、莲、梅、兰、竹、菊等物种与君子相联系，特别是梅兰竹菊四科，被称为花中“四君子”，就是因为这些物种都可与君子人格的某一侧面作类比。陈毅元帅曾赞美青松：“大雪压青松，青松挺且直。要知松高洁，待到雪化时。”取意类似李白，青松的高洁品质，也象喻君子的品格。

君子不堪辱其志，小人不堪坏其身。

——（五代）冯道《小人经》[1]

注释

①《小人经》：五代冯道所著。冯道，号长乐老，其一生为官三十余载，历五朝十主，高居相位二十余年，在官场左右逢源，虽生逢乱世，却闲庭信步，被司马光嘲为“求生害仁”。而这本《小人经》，由冯道特殊人生经历凝练而成，虽多言小人苟且之道，但亦有体现君子品格之笔。

译文

君子不能忍受别人辱没他的志向，小人不能忍受别人损坏他的身体。

解读

君子将远大的志向和坚定不移的信念放在第一位，而对于小人来说，保全自身、贪图享受是头等大事。没有志向和信念的人，一味追求个人利益，处事就会不择手段，唯利是图。这样的人品德低下，和他们相处，应当时刻提高警惕。

君子之于善也，如好好色；其于不善也，如恶恶臭，岂复临事而后思，计议其美恶，而避就之哉！

——（宋）苏轼[1]《思堂记》

注释

①苏轼：1037—1101年，字子瞻，号东坡居士，北宋著名文学家、书法家、画家。与父苏洵、弟苏辙同列“唐宋八大家”之席，一门俊秀。

译文

君子对待善，就如同喜欢美好的容颜；对待恶，就如同厌恶不好的气味一样（是出自一种本能）。难道还能事到临头才考虑其是非善恶，然后再决定避开或接近它吗！

解读

中国文化中的君子有很多优良的品质，但最基础的品质是真诚。君子对世间万物的看法、态度，出发点就是内心的真诚。对就是对，错就是错，扬善或惩恶均以发自本心的好恶为标准，不夹杂任何私心与功利性目的。现实中，有些人口口声声要当君子，对于善恶不是不能分辨，但囿于利害之私、得失之惑，枉断是非，甚至造成冤屈。这种做法显然不符合君子做派，这种人也不能算真正的君子。

君子浩然之气，不胜其大；

小人自满之气，不胜其小。

——（明）薛瑄[1]《读书录》

注释

①薛瑄：1389—1464年，明代著名思想家、理学家、文学家，河东学派的创始人，世称“薛河东”，是明代第一位从祀孔庙的大儒，著有《读书录》《读书续录》等理学著作。

译文

君子的正大刚直之气，没有什么比它更宏大；小人的自得骄傲之气，没有什么比它更渺小。

解读

孟子说：“我善养吾浩然之气”，“其为气也，至大至刚，以直养而无害，则塞于天地之间。”（《孟子·公孙丑上》）所谓浩然之气，需要用正义去培养它，一点不加伤害，它就会充满天地四方，无所不在，世间再没什么比它更大了。小人之气，只萦于一身，自满自得，不求培养，甚至会慢慢萎缩，世间再没什么比它更小的了。做人一定要学君子，要有大的气局。这也是修养心性的重要方面。

君子之精神命脉存乎言，考言而责实存乎德。故言也者，德之华也，不可伪也。

——（明）王崇庆[1]《海樵子》

注释

①王崇庆：1484—1565年，字德征，号端溪。进士出身，一生举止稳重博雅，为官廉洁清正，著述颇多，堪称忠孝礼贤。

译文

君子的精气元神、生命血脉存在于言语当中，其言语和实情的一致性是否经得起考察，则取决于德行。所以说言语是德行的外在表现，难以伪装。

解读

评判一个人往往由表及里，由谈吐来看修养。言语平实慷慨，可彰显一个人的朴素磊落之气；过分华丽矫饰，能反映一个人的虚伪狡猾之心。因而君子说话不可不慎重，要尽力做到去伪存真、朴实真诚。

苍蝇附骥，捷则捷矣，难辞处后之羞。茑萝依松，高则高矣，未免仰扳之耻。所以君子宁以风霜自挟，毋为鱼鸟亲人。

——（明）陈继儒《小窗幽记》

译文

苍蝇依附在马的尾巴上，速度固然很快，却洗不去黏在马屁股后面的羞愧；茑萝绕着松树生长，固然可以爬得很高，但也免不了攀附依赖的耻辱。所以，君子宁愿挟风霜以自励，也不要像缸中鱼、笼中鸟一般亲附于人。

解读

蝇附骥尾，一去千里，不过是个逐臭之夫，马尾一挥，性命尚且难保，又有何益？茑萝依松，爬得再高，到底是个软骨头，虽能低头看人，心却低贱。众人嘴里虽然不说，心中却十分明白。君子立身处世，不在于地位的高低，不在于富贵荣华，而在于能否自立自强。即使身处风霜之中，任酷暑寒冬、风吹雨打，也要学屹立的松柏，切不可成为缸中鱼、笼中鸟。因为那会完全丧失作为一个人的真性情，将自尊自爱的基本人格化为低贱的奴性，为人所不齿。

强项者[1]未必为穷之路，屈膝者未必为通之媒。故铜头铁面，君子落得做个君子；奴颜婢膝，小人枉自做了小人。

——（明）陈继儒《小窗幽记》

注释

①强项者：指不肯低头屈就的人。项，脖子。

译文

不肯低头屈就未必就无路可去，卑躬屈膝也未必是通达的媒介。所以宁折不弯，君子落得君子的美名；谄媚奉承，小人白白地做了小人。

解读

对别人屈膝迁就未必就能落得个左右逢源，相反还会因为这种卑琐的形象而成为小人。君子铮铮铁骨，未必会处处行不通，但落得君子的美名。所以，坚持自我，坚持实事求是，用自己的真诚和实力待人处事，胜过对别人曲意逢迎、奴颜婢膝。

休与小人仇雠[1]，小人自有对头；休向君子谄媚[2]，君子原无私惠[3]。

——（明）洪应明《菜根谭》

注释

①仇雠：仇恨，此处指结怨。

②谄媚：阿谀奉承。

③私惠：私心杂念，图私利的心思。

译文

不要与那些品行不正的小人结下仇怨，小人自然有他的冤家对头；不要去讨好、献媚君子，君子本来就不会因为私情而给予恩惠。

解读

君子一身清白、刚正不阿，所以不要一味地去讨好逢迎，君子不会吃这一套；而小人则私心太重，与小人结仇，一定会遭到报复。俗话说，“君子报仇，十年不晚；小人报仇，从早到晚”，就是说这个道理。本则格言告诉我们：做人要不卑不亢。对小人不要与他结仇，因为“恶人自有恶人磨”，终有他的结局。对君子要敬重，不必谄媚。谄媚不仅降低了自身的人格，也是对君子的不尊重。

宁为小人所忌毁[①]，毋为小人所媚悦[②]；宁为君子所责备，毋为君子所包容。

——（明）洪应明《菜根谭》

注释

①忌毁：忌恨、诋毁。

②媚悦：逢迎、取悦。

译文

宁可受到小人嫉恨诽谤，也不愿意被小人之取宠献媚所迷惑；宁可受到君子的责难训斥，也不要被君子原谅和包涵。

解读

一个人若想进步，必须虚心接纳别人的意见，以人为镜。但以什么人为镜，是有讲究的。小人评判一件事的好坏，常常根据自己的私心私利，缺乏公正性；君子评判一件事的善恶，往往秉持正大光明的准则，不徇私情。若要不断提升自己的修养，就不能沉溺于小人的甜言蜜语，或是满足于君子不忍揭露的宽容海量，必须要勇于听诤言，勇于不断改正自己的错误。我们有可能被小人诽谤、诋毁，也可能被君子责备、批评，这都有利于我们发现自身的问题，自我改进。当然，不必以小人的忌恨为念，因为他可能是出自私利，而应当以君子的关切责备为镜，以正自己的言行。

君子处患难而不忧，当宴游[1]而惕虑[2]；遇权豪而不惧，对茕独[3]而惊心。

——（明）洪应明《菜根谭》

注释

①宴游：宴，安闲、逸乐；游，游乐。

②惕虑：惕，忧惧；虑，谋思。惕虑，警惕忧虑。

③茕（qióng）独：孤苦伶仃。茕指没有兄弟，独指没有子孙。

译文

君子处在患难中也不忧虑，安乐悠游时却知道警惕（以免堕落迷途）；君子遇到豪强权贵时不畏权势，可遇到孤苦无依的人时内心震动（深表同情）。

解读

真正的君子对待自己的荣辱得失能够淡定从容，不以物喜、不以己悲；面对他人的苦难时却难以心安，因为他们总是胸怀天下、心系苍生，“先天下之忧而忧，后天下之乐而乐”。每个人的一生都不可能一帆风顺，风平浪静之时应当居安思危，波涛汹涌之时也应处变不惊；对待豪强权贵保持自己的风骨，遇到鳏寡孤独的弱者充满怜惜之情。这样的人生才是值得推崇的人生。

君子药石也，小人美疢[1]也；君子必劲而苦，小人必软而甘。

——（明）方以智[2]《向言》

注释

①美疢：疢（chèn），疾病，烦热。语出《左传·襄公二十三年》：“季孙之爱我，疾疢也；孟孙之恶我，药石也。美疢不如恶石。夫石，犹生我；疢之美，其毒滋多。”后把溺爱、姑息称为“美疢”。

②方以智：1611—1671年，安徽桐城人，明代思想家、哲学家、科学家，主张中西合璧，儒、释、道三教归一。

译文

君子的责备如同良药，小人的献媚如同疾病；君子的责备像药石一样，虽苦却有治病的疗效；小人的献媚虽软腻甘甜，却让人容易生病。

解读

治疗疾病，需要良药，但良药往往苦口，很多人正是畏惧这种苦，而情愿让疾病吞噬健康。历史上著名的齐桓公讳疾忌医而病入膏肓的掌故，讲的就是这个教训。有些人喜欢听小人的溜须拍马、阿谀奉承，即使明知甜言蜜背后隐藏的是陷阱，也如飞蛾扑火般在所不惜。相反，对于那些有益的却不免带着锋芒的劝诫之辞，有时纵然明知对方是善意的，却总是难以接受，致使自己在错误的道路上愈走愈远。

《书》曰："有言逆[1]于汝志[2]，必求诸道[3]；有言逊[4]于汝志，必求诸非道。"故小人之所谓逆，君子之所谓道也。

——（清）方孝标[5]《冒辟疆诗文二刻序》

注释

①逆：违背，怫逆。

②志：意志，感情。

③道：道理，道义。

④逊：通"顺"，顺从。

⑤方孝标：1617—1697年，清代安徽桐城人，著有《钝斋文集》《滇黔纪闻》等书。

译文

《尚书》说："有的话违背你的心意，一定要考虑它是否有合理性；有的话合乎你的心意，一定要探求它是否有不合理的地方。"所以小人所否定的东西，往往是君子所肯定的道义。

解读

所谓"忠言逆耳"，君子看重的是"忠"的道义，小人在乎的是"逆"的感受。所谓"口蜜腹剑"，君子警惕的是如剑般的隐患和伤害，小人喜欢的却是甜言蜜语的虚荣。君子时刻保持清醒，用理智控制情感，能看出言语背后的利害关系，小人则恰恰相反。我们要做君子，善于接受别人的意见和批评，吸取有益成分，不断进步；切不可学小人，沉溺在于爱听好话的情绪里，不分是非黑白，固步自封。

大抵天下君子寡，小人多。君子刚，小人柔。君子疏，小人密。君子难进[1]，小人易亲。君子畏名义，小人嗜利便。真如冰炭之不同器，薰[2]莸[3]之不同味。

——（清）张英[4]《书经衷论·冏命》

注释

①进：靠近。

②薰：古书上说的一种香草，后来泛指花草的香味。

③莸（yóu）：古书上指一种有臭味的草。

④张英：1637—1708年，字敦复，号乐圃，安徽省桐城人，清朝宰相，张廷玉之父。

译文

大体上说，天下的君子少，小人多。君子性情刚毅，小人性格纤弱。君子胸怀宽广，小人心思隐曲。君子很难被腐蚀，小人容易被拉拢。君子对名节礼义怀有敬畏之心，小人所追求的只有利益。二者价值取向根本对立，就如同冰块和炭火不能同处于一个容器之中，香气和臭气判然有别一样。

解读

君子和小人这对中国古代哲学、伦理学的对立概念，一直被用来作为辨别善恶、区分高下的基本标签。《论语》等儒家经典中，关于君子、小人的对比性论述比比皆是。本则格言也是对君子、小人品格差异的形象性阐发。从中，我们可以非常明确地知晓两者的不同，从而便于我们在日常言行中自觉地学做君子、远离小人。

傲骨不可无，傲心不可有。无傲骨则近于鄙夫，有傲心不得为君子。

——（清）张潮《幽梦影》[①]

注释

①张潮：生于清顺治七年（1650年），卒年不详。字山来，号心斋居士，安徽歙县人，清代文学家、小说家、刻书家。《幽梦影》是张潮所著的随笔体格言小品文集，风格轻松诙谐，以清丽明快的文笔、精辟独到的议论、意蕴丰富的思想独树一帜。

译文

高傲不屈的气节不可没有，但骄傲狂妄之心不可有。无傲骨容易成为随人俯仰的鄙陋之人，有骄傲狂妄之心则无法成为君子。

解读

傲骨是指对自己的坚守，傲心是指对旁人的轻视。君子戒有傲心，鄙夫缺乏傲骨。人不可有傲气，有了傲气的人，往往会自命不凡，从而目中无人。当成功的时候，赞扬、奉承之词迎面扑来，他就会飘飘然，听不进批评和忠告，辨不清真假与是非。但是做到了没有傲气还应当有傲骨，就是应当有志气，有自信心，有顽强不屈的性格。人生的道路是坎坷不平的，失败和挫折随时会降临。对待这些，我们应"自信人生二百年，会当水击三千里"，不怕嘲讽，寻找原因，迎难而上，不断更上层楼。

曾子曰："可以托六尺之孤[①]，可以寄百里之命[②]，临大节而不可夺也。"是三者，贤人君子之所难。

——（清）方苞《蒋母七十寿序》

注释

①六尺之孤：指未成年的孤儿。

②百里之命：指国君的政令。

译文

曾子说："可以把幼小的孤儿托付给他，可以把国家的命脉交付给他，面临安危存亡的紧要关头却不动摇屈服。"这三点，就是贤人君子也不易做到。

解读

孔子在《论语》中悉心塑造的君子形象，就是有道德、有知识、有才干的人。他可以受命辅佐幼君，可以执掌国家政权，即便在生死关头也决不动摇，决不屈服，这就是具有君子品格的人。而这些，一般贤人君子做到并不容易。

其行不羁[1]，绝去矫饰[2]，远荣利，安贫素，有君子之介[3]。

——（清）姚鼐《赠陈伯思序》

注释

①不羁：才高行远，不可拘限。

②矫饰：造作夸饰。

③介：独特的节操和行为。

译文

其才行高远不受拘限，绝不做作夸饰，不求私利，安于清贫寒素，这样的人有君子的节操。

解读

“不羁之士”形容像千里马一样不可拘限的人才。姚鼐笔下的君子，行为高蹈，荦荦不凡，视荣华如粪土，又安贫乐道，有君子的耿介操守。《论语》中的君子形象往往是温柔敦厚的，不偏不倚，不骄不躁，有中庸之德。这里的君子更多了一份个性与慷慨之气。由此可见，君子人格在中国传统文化中，是被历代思想家及文人士大夫反复塑造，不断丰富发展的。

君子气足才满，可以践行，可以全身。

——（清）方正瑗《关西讲堂客问·修身》

译文

君子刚正之气充沛、才能完满，就能够实践抱负，能够保全生命名节。

解读

刚正之气，即孟子所谓的浩然之气，“其为气也，配义与道；无是，馁也”（《孟子·公孙丑上》）。这种气必须与道和义配合，如果缺乏，就没有力量了。君子具备了充沛的浩然之气，就占据了道义的高地，加以出众的才能，便有能力践行理想，也有智慧使事业光耀千古，使生命熠熠生辉。

君子论人也，必诛其心[①]，其心无所为，而言之者公也；其心有所为，而言之者私也。

——（清）戴钧衡[②]《魏相论》

注释

①诛心：揭露、指责人的思想、用心。

②戴钧衡：1814—1855年，安徽桐城人，道光举人，当时有文名，著有《味经山馆诗文钞》《蓉洲初集》等。

译文

君子评价别人，必须要首先自我审问内心，如果内心无所求，那么所形成的评价就是公平公正的；如果自己首先有私心，那么做出的判断和评价就会有失公允。

解读

如何识人、辨人是一门大学问。我国古代就有很多相人之术，也不乏知人善用的先例。这里所讲的，是识人、辨人的一条基本原则——秉持公心，无所偏颇，不为私欲蒙蔽。这条原则在当今的适用性更强。今天，我们的国家和各项事业都需要大量的人才。如何建立高效的选人用人体系，又如何确立科学的人才考核评价体系，是十分关键的。一个“公”字，无疑是第一要义。只有秉持一颗公心，才能将优秀人才选拔出来；也只有秉持一颗公心，才能最大限度地调动和激发人才干事创业的积极性。

君子有时而贫贱，小人有时而富贵；君子有时而危辱，小人有时而安乐；君子有时而夭，小人有时而寿。于是昧天理，戕[①]本心，日夜逐逐而不知耻。嗟乎！是但顾目前耳，抑[②]何不即古今君子小人之终而计之乎？

——（清）方宗诚《俟命录》

注释

①戕：损害，损伤。

②抑：副词，表示语气，犹或许、或者。

译文

君子得势却往往难免贫贱，小人得势却可能拥有富贵；君子获得机遇往往遭受危难屈辱，小人获得机遇则往往安享快乐、安逸；君子获得机遇有时难得善终，小人获得机遇也许会长寿百年。（假如世上都以这一套颠倒了的法则来运行，）那么大家就都会昧着天理，泯灭良心，日夜追逐利益而不知羞耻。可悲啊！这种做法究竟是只顾眼前，还是根本不顾及古今君子小人最终的下场而进行的呢？

解读

在现实生活中，小人得志而贤良受辱的事例是不难见到的。历史上岳飞与秦桧、林冲与高俅的故事，读后常常会使人感到愤愤不平。本则格言所表达的，就是这种失落的心理。但它也告诉我们一个人应该有正确对待得失的态度，要把目光放长远些，不能被眼前的委屈困扰住；要相信，只要为仁行善做君子，最终是会获得认可的。

闻君子议论，如啜[1]苦茗；森严[2]之后，甘芳溢颊。闻小人言语，如嚼糖霜；爽美之后，寒冰凝胸。

——（清）金缨《格言联璧》[3]

注释

①啜：饮。

②森严：形容茶味浓烈纯正。

③《格言联璧》：清人金缨编纂的一部格言集成，共分为学问、存养、处事、接物、齐家、从政等十类，内容广博，意蕴深厚，涵盖了社会人生的各个方面，反映了传统社会的道德观念。金缨，字兰生，清朝道光、咸丰时人。

译文

听到君子的议论，就像饮苦涩的茶水，苦味浓烈之后，却似乎脸颊上都洋溢着芳香。听到小人说的话，就像咀嚼着白糖，爽口甜腻之后，却似寒冰凝结在胸口。

解读

人们认识一个事物都会经由感性知觉上升到理性思考，在这个过程中认知的结果经常会发生颠覆性的改变。本则格言所谈的小人之言和君子之言就是指这种情况。小人口蜜腹剑，说好听话的目的在于阿谀邀好，为了获得某种利益；君子仗义执言，说逆耳话的出发点则是匡人之过，尽劝勉告诫之责。小人的言语经不起推敲，君子的议论细思却能发人深省。我们需要做的，是在面对感官愉悦的巨大诱惑力时不为所动，虚心纳言，保持心志的清醒。

旷达处世

子曰："君子无所争①，必也射②乎！揖让而升，下而饮，其争也君子。"

——《论语·八佾》

注释

①无所争：没什么可争夺的。

②射：中国古代五礼、六乐、五射、五御、六书、九数（即礼、乐、射、御、书、数）等六艺之一；它不但是一种体育活动，更是一种修身养性、培养君子风度的方法。

译文

孔子说："君子没有什么可与人争夺的，如果有，那就是射箭比赛了！相互作揖礼让后登台比试，完毕后下来举杯共饮，这种竞争堪称君子之争。"

解读

君子不会因私利而与人争斗。君子若有所争，必在礼、乐、射、御、书、数这些学业技艺上。他们通过光明而友好的方式相互较量，以达到切磋学习的目的。这种在学业或事业上与他人之间的竞争，当仁不让，其争也是君子之争。

子曰：“君子讷[1]于言而敏于行。”

——《论语·里仁》

注释

①讷：木讷，迟钝。

译文

孔子说：“君子在言语上木讷，在行为上敏捷。”

解读

君子如何处理言行关系？孔子在多个场合予以反复论述。本则格言所说的“敏于行”好理解，认识也比较一致。那么“讷于言”意味着什么？就是告诫人们要“少说多干”，而不应“多说少干”。这里是不是说君子的言语反应真的迟钝或者拙于表达？显然不是。因为君子对自己的言语很重视，只是他不愿意随随便便表态，不愿意夸夸其谈，而是希望在经过实践之后再用言语进行总结、表达，并且重视“言必行，行必果”，“说到做到”，即人们常说的“君子一言，驷马难追”。

子曰："圣人，吾不得而见之矣；得见君子者，斯[1]可矣。"

——《论语·述而》

注释

①斯：如此，这样。

译文

孔子说："圣人，我没有机会见到他；能够见到君子，这就可以了。"

解读

"圣人"是儒家理想中的人格形象，现实生活中是很少很少的。虽然孔子的弟子和后世多尊称他为"圣人"，但孔子从来没有以圣人自居，曾明确说："若圣与仁，则吾岂敢。"（《论语·述而》）他更多的时候以君子的标准要求自己而已。在他心目中，君子是理想而现实、尊贵而亲切、高尚而平凡、可学可做的人格形象。本则格言后面还有几句："亡而为有，虚而为盈，约而为泰，难乎有恒矣。"这是说"没有却假充作有，空虚却假充作盈实，贫穷却假充作奢泰，是难以坚持的"。孔子这样说，意在强调为人应实事求是、表里一致；能够踏踏实实践行君子之道就可以了，不要眼高手低，做夸大虚无的想象。

君子中庸[1]，小人反中庸。

——《礼记·中庸》

注释

①中庸：中，中道，不偏不倚；庸，常，谓以中为常道。中庸之道主张处理事情不偏不倚，认为过犹不及，是儒家核心伦理观点之一。

译文

君子常守中道，小人违反中道。

解读

《论语·先进》篇中有则故事：有人问孔子，师和商两个人谁更贤能些。孔子回答说："师也过，商也不及。"意思是师做事有些过头，商总是做得不够。那人又问："然则师愈与？"那么是师做得更好吗？孔子回答说"过犹不及"，强调"过"和"不及"一样有害，防止人们从一个极端走向另一个极端。在孔子看来，师和商两人还没领悟不偏不倚、恰到好处的中庸之道，也说明这个度很难把握，这个境界也很难达到，需要不断地修行。今人对于"中庸"常有着庸俗化的理解，认为它代表着平庸、妥协、保守、不求上进。我们一定要明辨其内涵，正确理解"中庸"往往表示处理问题"恰到好处"的境界。

君子之道，譬如行远必自迩[①]，譬如登高必自卑[②]。

——《礼记·中庸》

注释

①迩：近。

②卑：低，下。

译文

君子之道很自然，就像到达远处必然从近处开始，登上高处必然要从低处启程。

解读

老子说：“人法地，地法天，天法道，道法自然。”（《老子第二十五章》）人效法地的厚德载物，地效法天的自强不息，天效法道的自然无为。其实，“自然”就是道的属性。君子之道多半重视效法自然，强调为人处世应保持自然本色。所谓“唯大英雄能本色，是真名士自风流”，就是指的这种境界。此外，君子常常非常谦虚，常常感到天外有天，感到自己的渺小与不足，所以“登高必自卑”。

君子崇人之德，扬人之美，非谄谀[1]也；正义直指，举人之过，非毁疵也；言己之光美，拟于舜、禹，参于天地，非夸诞也。

——《荀子·不苟》

注释

①谄谀（chǎn yú）：谄媚、阿谀，巴结、奉承。

译文

君子基于事实赞扬别人的美德，并不是巴结奉承；出于正义指出别人的过错，并不是诋毁；肯定自己的优点，比拟舜、禹，参照天地大道，并不是虚伪夸饰。

解读

人们说“不隐善，不讳恶”，又说“举贤不避亲”，说的就是评判善恶是非优劣，要就事论事，客观评价，不能牵扯到事物本身之外的其他因素。但在现实生活中，有些人明明看到别人错了，却不愿、不敢提醒告诫、当头棒喝；有些人明明知道自己坚持的是对的，自己的素质对于某个岗位、某项工作是最适合的，却又犹犹豫豫、扭扭捏捏，生怕担着一份不自谦的恶名。这些做派，本质上都是受到庸俗社会学毒害的结果。保持这种态度对己，则辜负了自己；对人，则伤害了同志；对待工作，则事业会受到损失。必须从根本上改变这种庸俗社会学对人们的影响，个人要在修养上下功夫，制度保障也必须及时跟上。

君子居易[1]以俟命，小人行险[2]以徼幸[3]。

——《礼记·中庸》

注释

①居易：居住在平地上，无危险，指素位而行。

②行险：做冒险的事，走危险的路。

③徼幸：徼，求；幸，指所不当得而得者。

译文

君子居处平易以等待机遇，小人却冒险以谋求侥幸。

解读

君子处在当下的位置上做他应该做的事情，不羡慕本位以外的东西。现在富贵就做富贵之人应该做的事，现在贫贱就做贫贱之人应该做的事，身在没被教化的夷狄之境就做夷狄之人应做的事，身处患难就做患难中应做的事。君子自强不息，在无法改变现状时仍能安然自得。君子居上位不欺凌下面的人，在下位不巴结上级，端正自身，不求他人，也就没有怨恨之心。上不怨恨天，下不责怪人。君子总是能够安时处顺，以等待好的转机。小人则相反，他们焦虑自身所处的环境，不安不满，总在尝试冒险以改变现状，获得不属于自己的利益。小人永远存有“怨”的心态，汲汲求取，很容易落入危险境地。

利害不通[1]，非君子也。

——《庄子[2]·大宗师》

注释

①利害不通：不通利害。

②庄子：姓庄，名周，战国中期著名的思想家、哲学家、文学家，是继老子之后道家学派的代表人物。著有《庄子》一书，分内篇、外篇和杂篇，通常认为内篇是庄子所作，外篇、杂篇为庄子及其弟子、再传弟子所作。《庄子》文笔汪洋恣肆，具有浪漫主义的艺术风格，瑰丽诡谲，意出尘外，乃先秦诸子文章的风格卓异之作。

译文

一个人如果连什么是利益、什么是危害都不明白，那他就算不上君子了。

解读

利害不通、是非不明、美丑不分的人，并非事事时时都利害不通、是非不明、美丑不分，而是由于贪婪、利欲熏心而过分求之，甚至是有意为之。比如一些领导干部、公职人员，明知贪污受贿是触犯刑法的，是要面临牢狱之灾的，可就是经受不住金钱、美色、物欲的诱惑，从而违背良知、铤而走险、贪赃枉法，最终锒铛入狱。要成为一个真正的君子，就要明辨是非，知晓利害，更要做到趋利避害。

君子不镜于水[①]，而镜于人。镜于水，见面之容；镜于人，则知吉与凶。

——《墨子·非攻》

注释

①不镜于水：不以水为镜。

译文

君子不以水为镜，而以人为镜。以水为镜，只能照见自己的面容；以人为镜，则可以知晓吉凶。

解读

善于纳谏的唐太宗有一句名言："以铜为镜，可以正衣冠；以古为镜，可以知兴替；以人为镜，可以明得失。"镜子的作用，就是要端正自己。从外在仪表到灵魂深处，都需要镜子来提醒自己。外在的仪表好提醒，灵魂深处的思想脉搏却很难捕捉。怎么办？只要多与别人参照比较，就可以从中得出正确判断。所以孔子说"三人行，必有我师"。君子要注重以人为鉴，包括以史为鉴，不断提升自己的水平、修养和境界。

孟子曰："君子有三乐，而王天下[①]不与存焉。父母俱存，兄弟无故[②]，一乐也；仰不愧于天，俯不怍[③]于人，二乐也；得天下英才而教育之，三乐也。"

——《孟子·尽心上》

注释

①王（wàng）天下：王，动词，统治，称王。王天下，指统一天下。

②无故：无灾无难，无患无病。

③怍（zuò）：惭愧。

译文

孟子说："君子有三桩乐事，其中并不包括一统天下。父母健在，兄弟无灾无病，是第一桩乐事；上无愧于天，下对得起人，是第二桩乐事；得到天下优秀的人才而尽心教育他们，是第三桩乐事。"

解读

在孟子看来，君子的价值追求是与功名利禄无关的。君子应该关注三个目标的实现，一是亲人们健康长寿；二是自己俯仰天地，未曾做过损害别人利益的事情，品行无亏；三是能够发现并教育天下的优秀人才。这是三个不同而又相关联的层次。第一层次是血缘层面，是人的本能。人想要获得成功，首先要会经营家庭，要重视家庭的和睦安定。第二层次人走出家庭，进入社会，要能与他人、与群体和谐相处，要能修炼出优秀的道德品质，实现自我人格的完善。第三层次，是要从对自己的要求进一步提升到影响他人、影响社会，即所谓“得天下英才而教育之”。只有这样，才能真正做到自身人生价值的全部实现。当然，这是一个很高的要求，对于普通人而言，如果能做到孝顺父母、友爱兄弟，做好本职工作，以积极正确的价值观教育引导子女，其实也能获得这“三乐”。

君子生[1]非异也，善假[2]于物也。

——《荀子·劝学》

注释

①生，通“性”，指才性。

②假：假借，利用。

译文

君子本性与普通人并没有什么不同，只是善于假借和利用外物而已。

解读

《荀子·劝学》云：“登高而招，臂非加长也，而见者远；顺风而呼，声非加疾也，而闻者彰。假舆马者，非利足也，而致千里；假舟楫者，非能水也，而绝江河。”意为“登上高处挥手，手并没有加长，但是更远的人都能看到；顺着风向而呼喊，声音并没有加大，人却能听得很清楚；在陆地上借助车马行进，不是善走，却能到达千里之外；在水中借助舟楫行进，不是善游，却能横渡江海”。同样的道理，君子之所以成就斐然，就在于擅长借助外物，善于利用客观条件和自然规律，事半功倍，最终达成目标。“善假于物”是一种难得的智慧，不仅限于物，更可以从历史经验中借鉴前人的成果。人类文明的不断进步就是在学习前人的基础上不断累积开拓的。常言“站在巨人的肩膀上”，说的就是这个道理。

君子之求利也略[1]，其远害也早，其避辱也惧，其行道也勇。

——《荀子·修身》

注释

①略：少，不在意。

译文

君子在利益的追求上漫不经心，在远离祸害上早有准备，在避免羞辱上心怀畏惧，在践行道义上勇敢无比。

解读

趋利避害是人的自然本性。在现实生活中，“趋利”往往难以“避害”，因此有“人为财死、鸟为食亡”之说。君子能够远离祸害、避免羞辱，在于他们能够做到重义轻利、以义取利、先人后己。

君子行不贵苟难，说不贵苟察，名不贵苟传，唯其当之为贵。

——《荀子·不苟》

译文

君子对于行事，不以不正当的难能为可贵；对于学说，不以不正常的明察为珍贵；对于名声，不以不正当的流传为宝贵。只有这些都符合礼义时，才是难能可贵的。

解读

荀子提出，礼义是衡量、统一人的行为道德的最高标准。因此，评价一个人行为道德的高下，不能只观察他的言行和声望，要看他合不合礼义，合不合实际。在荀子看来，难办的事未必是生活中需要做的事；言论再怎么高妙，太玄虚浮夸也不行；名声的广泛流传也可能是欺名盗世。因此，即使有些言行听起来、看起来挺美好，如果不符合实际的礼法和社会公认的道德准则，就仍然不值得提倡。

多知而无亲[1]，博学而无方[2]，好[3]多而无定者，君子不与[4]。

——《荀子·大略》

注释

①亲：亲近，引申为可亲近的贤师益友。

②方：方法。

③好：爱好。

④不与：不赞成。

译文

知识虽多却不亲近贤师益友，学问广博却没有方法，兴趣广泛却时时改变，这是君子所不认可的。

解读

荀子主张“性恶论”，所以特别重视人的后天教育，提倡学习、教化。但在荀子看来，学习是讲态度、讲方法、讲恒心的。“多知而无亲”，知识虽多但并无亲近贤能之心，这是学习不求上进的表现；“博学而无方”，学得虽多但没有方法，就好比田里种满庄稼但不会打理，使得荒草丛生；“好多而无定”，爱好广泛但无定准，缺乏恒心，只能像狗熊掰玉米，掰一个丢一个，结果一事无成。荀子认为，像这种表面看起来好学，实则没态度、没方法、没恒心的学习行为，君子是绝不会赞同的。这个观点对于今人来说，仍有重要的指导意义。

君子曰："美言可以市[1]尊，美行可以加人。"

——《淮南子·人间训》

注释

①市：买卖交易，这里指换取、赢得。这原是《道德经》里的一句话。马王堆出土的《老子甲》里，没有后一个"美"字，而且断句为"美言可以市，尊行可以加人"。《老子乙》则为"美言可以市，尊行可以贺人"。

译文

君子说："美好的言辞可以赢得尊重，美好的行为可以提升人的声望。"

解读

有善心而后有善言，有善言而后有善行，有善行而后有善人。可见，善人源于善心。一个人倘若心里美好善良，就会面目温和、举止可亲，这样便会赢得他人的敬爱和尊重。

君子得其时则驾[①]，不得其时则蓬累[②]而行。

——《史记·老子韩非列传》

注释

①驾：驾车，驱行。

②蓬累：蓬，蓬蒿，一种根叶俱细的多年生草本植物，白花，柳叶，果实有毛；时常遇小风则顺势而动，遇大风则断根随风飘移，因而亦称“飞蓬”。累，旋转风行的样子。蓬累，像飞蓬飘旋流徙而行，旋停皆不由己，也用来形容人之行踪无定。

译文

时机来了，君子就积极出世有所作为；时机未到，君子就应当像风中的蓬蒿那样，随自然遭遇而行事。

解读

本则格言是孔子向老子问礼时，老子对孔子的忠告。有人把这句话类比于孟子的“穷则独善其身，达则兼济天下”（《孟子·尽心上》），这其实不尽符合道家始祖老子的思想。道家的君子观与儒家的君子观有所不同：道家的君子更注重自然和个体生命的感受；儒家的君子则更注重礼仪、名教和社会责任。有人说，儒家是入世的、道家是出世的。老子的“蓬累而行”，与孟子退而求其次的无奈相比，更多了一份随遇而安的从容。

君子得时则大行，不得时则龙蛇[1]；遇不遇命也，何必湛[2]身哉！

——《汉书·扬雄[3]传》

注释

①龙蛇：像龙蛇一样地蛰伏、卷曲着。

②湛（chén）：通“沉”，沉没。《汉书·扬雄传上》中有一句相近的话：“违灵氛而不从兮，反湛身于江皋。”这是扬雄针对屈原因怀才不遇、投江自尽之事而作的，极力反对屈原自投汨罗的行为。

③扬雄：公元前53—前18年，西汉末年著名的辞赋家、哲学家，著有《甘泉》《河东》等赋。他曾模仿《易经》作《太玄》、模仿《论语》作《法言》，崇尚老子和孔子，推崇“五经”、反对谶纬，其思想的本质是儒家思想，但也有一定的道家理性色彩。

译文

君子遇到时机就大干一场，力争大有作为；遇不到时机就应当像龙蛇一样蛰伏、委屈保全。恰遇其时还是遇不逢时，都是命中注定的，何必投身江水自尽啊！

解读

屈原是中国历史上第一位伟大的爱国诗人，因忠心被谤，楚国衰亡，便绝望地自沉汨罗江。他忠君爱国、孤身抗恶的精神历来为人们所称道。但扬雄认为，怀才而遇还是不遇，都是命运安排，顺命就好，何必自杀？两人从不同的角度出发，虽然做出了截然相反的选择，却都各有情理。楚国是屈原的母国，他曾尽心尽力辅佐楚王以图霸业，但小人进谗、楚王疏远，楚国日益衰微即将灭亡。对屈原来说，已经没有安放一身的家园了，所有的政治抱负也付诸东流。在这样的情况下，屈原做出了国存己存、国亡己亡的人生选择，其面对死亡的勇气和精神，充满了鼓舞人心的正面力量。扬雄从人的生命可贵出发，从得失的自然规律出发，认为君子应勘破得失祸福，从容行藏，何必以极端的方式对抗兴亡交替的历史规律。同一件事，两种解读，一着眼于国家，一着眼于自然规律，两者都使我们深受启发。

君子之于爵禄[1]也，有所辞，有所不辞。

——（东汉）王充《论衡·刺孟》[2]

注释

①爵禄：爵位，俸禄。

②《论衡》：为东汉王充（27—97年）所作，是中国历史上一部不朽的哲学著作。

译文

君子对于爵位、俸禄，有的推辞，有的不推辞。

解读

据《孟子·公孙丑下》记载，孟子曾经拒绝了齐王赠送的百镒而接受了宋王赠送的七十镒、薛王赠送的五十镒。孟子的弟子问他为什么拒绝多的反而接受少的，孟子说："当在宋国的时候，我准备远行，对远行的人一定要送些路费，因此他说'送上一点路费吧'，我为什么不受？当在薛国的时候，我听说路上有危险，需要戒备，因此他说'听说你需要戒备，送点钱给您买兵器吧'，我为什么不受？至于在齐国，就没有什么理由。没有什么理由却要送我一些钱，这等于用金钱收买我。哪里有君子可以拿钱收买的呢？"君子对于爵禄等看得并不那么重，什么情况下接受、什么情况下辞让，主要取决于他们所从事的事业的需要，而不是个人的欲望。

君子不为无益之事，不履辱身之行[1]。

——（东汉）王充《论衡·知实》

注释

①辱身之行：辱没身份的行为。

译文

君子不做无益的事情，避免有辱身份的行为。

解读

君子对无益于己、也无益于他人的事情坚决不做，避免浪费时间、精力；对于不符合自己身份、可能带来屈辱的事情也坚决不做，以免带来不好的影响，有损名望。这就要求君子具备洞察利害、明辨是非的能力，能够做到趋利避害，使个人的言行都符合道义和礼仪。

海产明珠，所在为宝。楚虽有才，晋实用之。英伟君子，所游见珍，何必本州哉？

——《三国志·张纮传》①

注释

①《三国志》：由西晋史学家陈寿所著，是一部记载中国魏蜀吴三国鼎立时期历史的断代史，与《史记》《汉书》《后汉书》并称“前四史”。后有裴松之为《三国志》作注，可参看。

译文

大海所产的明珠，无论在何地都是宝贝。楚国虽然有人才，实际上也可以为晋国所用。雄韬伟略的君子，无论到哪都会被珍重，何必限制在本地呢？

解读

自古以来，如何使用人才是治国理政的一门大学问。心胸狭隘、思想保守的人认为，人才必须要是自己熟悉的，或是自己统治范围内的，才敢放心使用。但是真正有大略的人，却敢于打破阶层、地域、血缘等的界限，不拘一格地广揽英才。历史上有很多因广揽英才而国富民强的成功范例，如战国后期的秦国、康乾时期的清王朝，也有不少自设囚笼、阻挠人才发挥作用的教训。我们党选拔和使用人才，从来都强调要坚持德才兼备、五湖四海的原则。今天，我们只有在各行各业大兴重视人才、爱护人才、相信人才、广揽人才、积极使用人才的风气，事业才能成功，国家才会实现大发展。

势[①]莫加君子，德休与[②]小人。君子势不于力也，力尽而势亡焉。小人势不惠[③]人也，趋之必祸焉。

——（隋）王通《止学》

注释

①势：势力，权势。

②与：给予。

③惠：带来好处。

译文

势力不要施加给君子，仁德不能给予小人。君子的势力不表现在权势上，以权势为势力的人，一旦权势丧失，势力也就消亡了。小人得势不会给他人带来好处，趋附它一定会招致祸害。

解读

君子拥有势力不会以势压人、以势牟利。而小人则将势力看成为他们捞取好处、颐指气使的本钱。趋炎附势的人想尽办法、妄图从小人那里获得好处，结果往往得不偿失。小人因其自私的本质，不会给别人带来好处，趋附他一定会招致祸端。这里的“小人”，并非指处于社会底层的人，而是指邪恶之人。

君子安贫，达人知命。

——（唐）王勃[1]《滕王阁序》

注释

①王勃：约650—约676年，字子安，唐代著名诗人，出身儒学世家，与杨炯、卢照邻、骆宾王并称为“初唐四杰”，王勃为四杰之首。

译文

君子能够安于贫困，通达事理的人能够乐天知命。

解读

有修养的人以平和的心态面对贫穷，通达事理的人则能够对命运有清醒的认识，从而保持乐观的态度。一个人要正确认识自己，正确认识人生，保持平常心是关键所在。何为平常心？即布衣之心态，宁可清贫自在，不求浊富多忧。这既是一种生存智慧，也是一种战胜自我的豁达和大度，是一种拒绝庸俗的超脱和清醒，更是一种潇洒的为人和为官之道。

君子养晦[1]，用发其光；小人养晦，冀逞凶顽。晦虽为一，秉心不同。至若美人遭嫉，英雄多难，非养晦何以存身？

——（明）杨慎《韬晦术》

注释

①养晦：隐居匿迹，使自己处在一个不明显的位置。

译文

君子养晦，是准备在适当的时机发挥自己才智；小人养晦，却是准备以后发泄自己心中的怨毒。虽然都是养晦，出发点却不一样。至于像美人经常遭到嫉妒，英雄豪杰往往多灾多难，不养晦怎能保存住自己？

解读

君子、小人都能做到养晦，但他们养晦的目的迥然不同。君子韬光，是为了避免外界的干扰而尽可能地成长起来，以待时机大展宏图；小人隐忍，却是为了蓄积力量以泄私愤，将破坏力累积到最大限度。君子图善，小人图恶。历史上有太多美人、英雄遭嫉的故事，如楚怀王时期，魏国美女因太美而遭到王妃郑袖的忌害，惨遭劓刑；又如当时的屈原，因才华横溢、行为高蹈而遭人忌恨，被流放汉北、湖湘，最终自沉汨罗。拥有美丽与才能本身并没有错，但一定要有养晦的意识，收敛光芒，将其很好地保护起来，以待在适合的时机绽放。

或曰："'君子以自强不息'，何用晦为？"此言虽佳，然失之于偏。

——（明）杨慎《韬晦术》

译文

有人说："君子应该奋发向上，永远不懈怠，为什么还要收敛自己的光芒呢？"这句话说得虽然很好，可惜不够全面。

解读

《菜根谭》中说："鹰立如睡，虎行似病。"老鹰站在那里就如睡着了一样，老虎走路的时候很像是有病在身。一个真正具有才华的人反倒不显山不露水。低调是一种修炼，一种体悟。待人处事多自我克制一些，当自己处在不利地位或者危难之时，不妨先退让一步，这样做，不但能避其锋芒，脱离困境，而且有时可以另辟蹊径，柳暗花明，重新占据主动。当形势对你非常有利时，要放低姿态，谨慎处事，切不可狂妄自大，肆意妄为，这样才能走好人生路。

厌诈而行实，固君子之本色；昧[1]诈而堕谋，亦取讥于当世。是以君子不喜诈谋，亦不可不知诈之为谋。

——（明）杨慎《韬晦术》

注释

①昧：原意指“目不明”，引申为不明白、糊涂。

译文

讨厌诡诈而平平实实行事，这固然是君子的本色；然而不识诡诈，进而陷入别人的奸谋中，也是要被世人讥笑的。所以正人君子即便不喜欢诡诈和计谋，却也不能不知道诡诈的权术。

解读

君子不行小人之道，不狡诈阴险，但不代表可以不知道这种手段。真正的君子应该是聪慧睿智的，若在这方面愚钝无知，则会中小人的奸计而被人讥笑，更谈不上很好地践行自己的君子之道了。

涉世浅，点染[1]亦浅；历事深，机械[2]亦深。故君子与其练达[3]，不若朴鲁[4]；与其曲谨[5]，不若疏狂[6]。

——（明）洪应明《菜根谭》

注释

①点染：原为中国绘画的一种笔法，这里意为感染。

②机械：巧妙机诈的心机。

③练达：阅历多而通达的人情世故。

④朴鲁：朴实愚钝。

⑤曲谨：谨小慎微，拘泥小节。

⑥疏狂：豪放，不受拘束。

译文

涉世不深、阅历不多的人，受到社会不良风气的污染也浅；经历的世事很多、阅历丰富的人，精妙巧诈的心机也随之加深。所以，一个正人君子与其精明老练、通达人情世故，不如朴实正直；与其谨小慎微、曲意迎合、拘泥小节，不如坦荡大度、豪迈不拘。

解读

本则格言强调做人要保持自然本色，与其沾染社会不良风气变得世故乖巧，甚至老谋深算，不如坦坦荡荡，率真诚实。《围炉夜话》云："君子存心，但凭忠信，而妇孺皆敬之如神，所以君子乐得为君子；小人处世，尽设机关，而乡党皆避之若鬼，所以小人枉做了小人。"这就是在君子与小人不同处世方式的比较中，充分肯定君子率真诚实的人生态度。

待小人不难于严，而难于不恶；待君子不难于不恭[①]，而难于有礼[②]。

——（明）洪应明《菜根谭》

注释

①恭：恭敬、尊敬。

②礼：指儒家的道德规范和礼仪。

注释

对待心术不正的小人，做到对他们严厉苛刻并不难，难的是能够不憎恶他们；对待品德高尚的君子，做到对他们尊敬并不难，难的是对他们能够以礼相待。

解读

对小人不以恶攻恶，反而能够从不憎恶他们的态度出发，积极地帮助他们改恶从善，才是不容易做到的。对有道德的人可以尊敬有加，但做到有礼有节、不卑不亢，也是不容易的。总之，无论是对小人，还是对君子采取什么样的态度，都是对自己人格和能力的考验。

十语九中，未必称奇，一语不中，则愆尤[①]骈集[②]；十谋九成，未必归功，一谋不成，则訾议[③]丛兴。君子所以宁默毋躁，宁拙毋巧。

——（明）洪应明《菜根谭》

注释

①愆（qiān）尤：过失，罪过。

②骈集：接连而至。

③訾（zǐ）议：非议，责难。

译文

十句话说对了九句也未必有人称赞你，但如果说错了一句，众多的指责就会接连而至；十次计谋有九次成功也未必归功于你，但只要有一次失败，责难之声就会纷纷而起。所以君子宁可保持沉默，也不要急躁多言；宁可显得笨拙迟钝，也绝不自作聪明。

解读

人与人之间存在着竞争和比较，所以，当别人有了不错的表现时，就很难真诚地去夸赞对方，甚至认为如果换成自己可能做得更好。一旦别人失策了，幸灾乐祸、落井下石者大有人在，攻讦责难的声浪此起彼落，原本只是小错误也被渲染成严重失误。上述的情节，随时在我们的生活周遭上演，尤其在工作中更是屡见不鲜。所以，劝诫有才德的君子要"宁默毋躁，宁拙毋巧"，不是经过深思熟虑的话不随便乱说；做事尽量沉稳，宁可显得笨拙一些，绝对不能故作聪明显得高人一等，以免遭人忌恨。

澹泊[①]之士，必为浓艳者[②]所疑；检饰[③]之人，必为放肆者所忌。君子处此，故不可稍变其操履[④]，亦不可太露其锋芒。

——（明）洪应明《菜根谭》

注释

①澹泊：恬静无为。

②浓艳者：指身处富贵荣华权势名利之中的人。

③检饬：检点、自我约束。

④操履：操，操行、操守；履，笃行实践。操履，执着地追求自己的理想。

译文

一个志远而淡泊的人，一定会被那些热衷于名利的小人所怀疑；一个言行谨慎而处处检点的君子，往往会遭受那些放纵的小人忌恨。所以一个有才德的君子，如果处在这种既被猜疑又遭受忌恨的环境中，固然不可以改变自己的操守和志向，也不可锋芒太露，刻意表现自己的才华和节操。

解读

正是由于自己品德高尚而衬出了小人狭隘的心性，就必然会招致小人的嫉恨和攻击。所以一个深才高德的人，处在这种招忌的恶劣环境中，最聪明的方法就是不要锋芒太露。可是很多人不明白这个道理，尤其是奋发向上的年轻人，往往会由于表现得过于突出而遭受嫉恨，被造谣中伤。所以一个有为的人，其处事节操不可变，待人方法须讲究。

君子知天下原有此不期然而然者，一切听之于自然，而不以纷扰其纯诚精一之心，则所谓无妄者，乃真无妄矣。

——（清）张英《易经衷论·无妄》

译文

君子知道天下原本就有不希望如此而竟然如此（不尽人意）的事情，一切都听任事态自然发展变化，而不以外界的纷扰改变自己纯朴真诚之心怀，那么所谓“无妄”卦者，才是真正的邪道不侵。

解读

世间很多事，虽然不是我们愿意见到的，但仍客观存在着，并且我们无力去改变。对于这种情况，君子有很达观的认识，即顺其自然，不受其干扰产生负面情绪，而是专注于自我内心精纯的修养。世间光怪陆离，伴随历史进程而产生的某些不好现象亦有其消长规律，只需静待时移势异，便可能沧海桑田。每个人都有自己的主要工作，不可因无谓的干扰而偏废。君子能够做到，一般人亦需努力。

患难颠沛，人生之至不幸。然古之君子，往往用以验其所学，适足为道德文章之资。

——（清）方中履《蓼虫吟序》

译文

遭遇磨难，颠沛流离，固然属于人生的大不幸。但是古代的君子，却用这种磨难来检验其所学，因此磨难往往正是成就君子道德文章的重要助力。

解读

“天将降大任于斯人也，必先苦其心志，劳其筋骨。”（《孟子·告子下》）人的一生，总要经历磨难。磨难对人的肉体与精神可能会造成一定折磨，懦夫很容易被吓到，但勇敢的人、智慧的人，会顽强地与之抗争。在他们看来，磨难本身也是人生难得的经历，蕴含着宝贵的人生经验，可以作为前行的参照和动力。

磨难对于人生的积极意义如此，对于一个集体、一个民族而言，又何尝不是？“多难兴邦”，中华民族五千年奋斗史，从来没有与苦难远离过，但苦难从未压垮过古老的中华民族。中华民族以自强不息的坚韧品格，在与苦难的每一次角力中获得新生，从而迎来民族的更高发展与更大辉煌。

著书立论，必出于不得已而有言，而后其言当，其言信，其言有用。故君子之言，达事理而止，不为敷衍流宕，放言高论，取快一时。

——（清）方东树[1]《著书必有宗旨》

注释

①方东树：1772—1851 年，安徽桐城人，清中期著名学者，著有《汉学商兑》《昭昧詹言》《书林扬觯》等。

译文

但凡要著书立说，必须立足于确实有话要说的前提，方才精当地发表出来。在这样的情况下，其观点才恰当可靠，其看法就会对现实有用。所以君子之言，追求的是与事理相符，而不会是敷衍草率，只图一时痛快的高谈阔论。

解读

古人对著书立说十分看重。所谓立德、立功、立言，即能否发表出有益的见解，被看作是人生成功的重要标志之一。这里说的是，只有在确认学问确有坚实的积累，并且也确实有用于社会，才能发表自己的观点，不能随意、甚至不负责任地放言。其实孔子早就反复强调要“讷于言”，可见古人对发表观点的谨慎严肃。因此，我们在日常工作中，一定不能满足于夸夸其谈、空头论道，要十分重视自己的言行，既要做到谨言慎行，又要关注发表言论的作用与效果。

君子之为善，贵乎有止也。为仁止于爱，为义止于宜，为礼止于敬，为智止于知。

——（清）姚莹《乡言》

译文

君子行善，难能可贵的是要知道有所节制。为仁只要能展现爱意即可，为义应该在合适的时候停止，讲礼貌只要表达敬意即可，聪明才智要被限制于用来获得知识的增长。

解读

俗话说“过犹不及”，任何事做过了头，其效果未必好。所以说“恰如其分”是一种很高的境界，本则格言说的也是同样的道理。一个人行善仗义、明礼求智，当然是必要的，但是一定要把握好度。如现代社会，“科学主义”大行其道，人们只知一味追求技术上的先进，其后果则是一些大规模杀伤性武器大行其道，造成某些地区战乱频仍，民不聊生，反而不利于社会的可持续发展。适当的时候，我们应放慢片面追求经济、科技发展的脚步，让文化的步伐跟上来，协调共进，让人们在感受到物质上丰裕富足的同时，也享受到精神上的安逸和幸福。

君子不要福，故无祸矣；不求利，故无害矣；不广恩，故无怨矣；不敢誉，故无毁矣。

——（清）姚莹《刍言》

译文

君子不追求福乐，因此可以避免祸患；不追逐利益，因此可以远离伤害；不随意施人以恩惠，因此可以避免各种怨恨的产生；不刻意邀取名声，因此可以远离诋毁。

解读

唯物辩证法认为，世界是矛盾的，看似对立的双方，又是统一的，可以相互转化的。这个原理，在社会学上也是相通的。很多人处心积虑追名逐利、市恩邀宠，却不曾想到（或不愿顾忌）祸患、伤害、怨恨、诋毁这些负面的东西也会相伴相生，随之而来。因此，面对名利、面对诱惑，一定要顺其自然、安之若素，不宜刻意追求，更不能趋之若鹜，这样才能保持和平安宁。

君子受言以达聪明。

——（清）魏源[1]《默觚·治篇十二》

注释

①魏源：1794—1857年，湖南邵阳人，道光进士。清代中期著名思想家，首倡“师夷长技以制夷”的进步思想，代表作是《海国图志》。

译文

君子通过多接受他人的看法使自己变得聪明。

解读

孔子提出著名的“君子有九思”的观点，首先就是“视思明，听思聪”，可见君子对耳聪目明，也就是使自己具备很好的认识世界的能力，有自觉的追求。那么，怎么样才能实现这个目标呢？自身的亲历亲为，耳闻目睹，根据直接经验所获得的第一手信息，无疑是必要且最重要的。但任何人的视听范围都是有局限的，假如一切唯自己的直接经验为准，则会造成自己判断与决策的局限性和片面性。因此，凡事多听听别人的看法，多参考前人的经验总结，既可以拓展视野，也可以降低犯错的几率，是很重要的认识方法。

天下事有能为，有不能为；有做得尽，有做不得尽，皆分[①]定也。君子惟全[②]吾性分[③]以内之事而已。

——（清）方宗诚《俟命录》

注释

①分：机缘。

②全：保全。

③性分：性，本性；分，机缘。

译文

天下的事情，有能做的，有不能做的；有可以做得完的，有做不完的，都是由其原因决定的。君子所能做的，只是自己能力所及和机缘可能之事。

解读

人们做事，往往会明知不可为而为，精神固然可嘉，但在订计划、做决策之前，假如不能科学判断、评估主客观条件，贸然行动，缺少分寸，就会导致工作遭受挫折甚至失败。真正有智慧的人深明其中的道理，因而能够在恰当的时机恰当地处理事情，既不过分超前，也不懈怠落后。这个道理，值得我们在工作中认真体会把握。

君子之事上也，必忠以敬，其接下也，必谦以和。小人之事上也，必谄①以媚②，其待下也，必傲以忽。

——（清）金缨《格言联璧》

注释

①谄：奉承，巴结。

②媚：逢迎。

译文

君子对待比自己地位高的人必定忠敬，对待比自己地位低的人必然谦虚和气。小人则相反，对上阿谀奉承，对下则傲慢无礼。

解读

君子所思的是德行，小人所思的是有利可图。君子处事，从合乎道义的角度出发，内心公正无私，所以行动上光明磊落；而小人一味地追求自身利益，所以钻营势利，对上谄媚，对下傲慢无礼。

心不妄[1]念，身不妄动，口不妄言，君子所以存诚；内不欺己，外不欺人，上不欺天，君子所以慎独[2]。

——（清）金缨《格言联璧》

注释

①妄：胡乱、荒诞不合理。

②慎独：在独处中谨慎不苟。

译文

心里不胡思乱想，行动上不肆意而为，说话不胆大妄言，是君子心怀坦诚的原因。对内不欺骗自己，对外不欺骗他人，对上不欺骗苍天，是君子在独处时能谨慎不苟的原因。

解读

君子行为有很多规矩，这些规矩来自社会道德伦理，来自对自我、对他人、对世界所应采取的理性的态度。怎样才能做到理性，关键在于学会节制：节制自己不合理的欲望，节制自己的缺点，节制自己不正常的心态，节制自己一些不好的生活习惯等。

门内有君子，门外君子至；门内有小人，门外小人至。

——（清）周希陶《增广贤文》

解读

如果一个地方有品德高尚、学识渊博的贤能君子，也就会常有一些德行兼优的君子上门访问；如果一个地方有行为不端、不学无术的小人，也就自然会引来一些品行低下的人。西文有句谚语：“要了解一个人怎样，可看他有什么样的朋友。”中国古话也说：“物以类聚，人以群分。”所以要想结交品行高尚的君子，首先需要修养自身，这样才能使自己有足够的魅力吸引君子上门。“德不孤，必有邻”，说的就是这样的道理。

砺学修身

君子以见善则迁①，有过则改。

——《周易·益·象传下》

注释

①迁：迁徙，接近。“见善则迁”与成语“见善思齐”意思相近。

译文

君子应该见贤善而努力去接近，有过失就尽快改正。

解读

君子之所以成为君子，一个关键的因素是君子乐于“向善”、更乐于“改过”。对于普通人，乐于“向善”不难，乐于“改过”不易。但是作为君子，就应该有这个是非心，不仅要见贤思齐，更要勇于改过。在实际生活中，人们所缺的，往往不是明辨是非的能力，而是惩恶扬善、祛邪扶正的自觉和勇气。这常常会成为一些人得过且过、马虎一生的深层原因，应高度警惕。

子曰："君子食无求饱，居无求安，敏于事而慎于言，就有道而正焉，可谓好学也已①。"

——《论语·学而》

注释

①也已：表示肯定、感叹。

译文

孔子说："君子饮食不要求饱足，居住不要求安逸，做事敏捷而言语谨慎，接近有道德的人从而改正自己的错误，就可以称为好学的了。"

解读

有人问孔子哪个弟子好学，孔子说："有颜回者好学，不迁怒，不二过。"（《论语·雍也》）这就是说颜回的好学表现为不轻易生气，同一个错误从来不犯第二次。孔子还曾形容他"一箪食，一瓢饮，在陋巷，人不堪其忧，回也不改其乐"（《论语·雍也》）。每天只一箪饭食，一瓢饮水，住在陋巷之中，颜回却不以生活的困顿为意，毫无名利心地追随孔子，虚心学习，迁善改过，勤奋不已。这便是孔子心目中好学者的代表。

子曰："君子博学于文[①]，约之以礼，亦可以弗畔[②]矣夫。"

——《论语·雍也》

注释

①文：文献典籍。

②畔：通"叛"，违背。

译文

孔子说："君子广泛学习文献典籍，并以礼仪约束自己，也就不会叛离大道了。"

解读

本则格言是在强调"礼"的规范的重要性。君子固然需要学习大量的文化知识，但仅仅如此是不够的，还需要用"礼"来约束自己的行为。譬如当下，高智能犯罪并不少见，他们受过很好的教育，拥有专业而丰富的知识，但恰恰缺乏责任感和道德意识，这类人犯罪所带来的危害更大，也常为人们唏嘘感叹。君子除了学习之外，更需将"礼"始终放在心头。美学家康德曾有句名言："这个世界唯有两样东西能使我们的心灵感到深深的震撼：一是我们头顶上灿烂的星空，一是我们内心崇高的道德法则。"

子曰："君子泰[1]而不骄[2]，小人骄而不泰。"

——《论语·子路》

注释

①泰：稳重，安宁。

②骄：骄横。

译文

孔子说："君子坦然而不傲慢，小人傲慢而不坦然。"

解读

君子为人处世真诚稳重，像泰山一样厚重踏实，所以从不随意骄傲狂放。但小人多半缺乏文化根基和修养，往往得势便猖狂。君子以谦虚为本，小人以炫耀为尚。这便可以从心理上解释为什么"君子泰而不骄，小人骄而不泰"。

子曰："君子道者三[①]，我无能焉：仁者不忧，知者不惑，勇者不惧。"

——《论语·宪问》

注释

①道者三：有两种断句——道，者三；道者，三。前者可以理解为三种君子之道，后者可以理解为三种有道的君子。

译文

孔子说："君子之道有三种，我都未能做到：仁爱的人不忧愁，有智慧的人不困惑，勇敢的人不畏惧。"

解读

"仁""知""勇"（即仁爱、智慧、勇敢）是君子的三种品质。这三种品质都非常重要，不过孔子又认为，仁高于智，智高于勇。孔子说："人而不仁，如礼何？人而不仁，如乐何？"（《论语·八佾》）一个人如果没有仁爱之心，遵守礼仪有什么用？一个人如果没有仁爱之心，礼乐又有什么用？是的，一个没有良知、道德和法律底线的人，他的智慧和勇敢就容易用错地方，甚至会沦为人民的罪人。

孔子曰："君子有三畏：畏天命，畏大人[1]，畏圣人之言。"

——《论语·季氏》

注释

①大人：有道德的人。

译文

孔子说："君子有三种敬畏：敬畏天命，敬畏有道德的人，敬畏圣人的言语。"

解读

所谓敬畏，从外在方面来说，类似于人们所向往的崇高目标；从内在方面来说，则带有忧患意识。君子有所畏，便会约束自己的行为，不敢造次。君子所敬畏的对象：一是天命，二是有道德的人，三是圣人所说的话。天命中包含着旦夕祸福等发展规律，君子了解了天命便会加以遵守，安时顺命；有道德的人是现实中的人格典范、君子学习的对象，需要尊敬；而圣人的话言近旨远，包含深刻的道理和博爱的情怀，更是君子的座右铭。把这三者时刻放在心头，便易培育出理想的君子人格。

孔子曰："君子有九思[①]：视思明，听思聪，色[②]思温，貌思恭，言思忠，事思敬，疑思问，忿[③]思难[④]，见得[⑤]思义。"

——《论语·季氏》

注释

①思：思考。

②色：脸色，待人的脸色。

③忿：发怒，生气。

④难：困难，后患。

⑤得：所得，利益。

译文

孔子说："君子有九种考虑：看的时候，考虑看明白了没有；听的时候，考虑听清楚了没有；脸上的表情，考虑是否温和；容貌态度，考虑是否谦恭；说出的言语，考虑是否忠诚老实；对待工作，考虑是否严肃认真；遇到疑问，考虑怎样向人家请教；将要发怒了，考虑有什么后患；见到能够得到的东西，考虑是否应该得到，是否符合道义。"

解读

此处所谓"君子"，是指德行高尚的人。所谓"君子有九思"，是说作为一个君子需要在九个方面多多用心思考：看的时候，一定要思考是否看得明明白白，而不要被一叶障目，让假象蒙骗了你的双眼。听的时候，一定要思考是否听得清清楚楚，而不要因为没听清楚、没听明白而做出错误的判断，不要被阿谀逢迎之词，甚至是假话、谎言欺骗了你的双耳。面对他人时，一定要思考、注意自己的脸色是否温和热情，而不要冷冰冰地对待他人。与别人相处时，在举止表现上，一定要思考自己的态度是否恭敬、谦和、低调，而不要傲慢无礼。说话的时候，一定要思考自己的言语是否诚实，自己是否能够信守诺言，而不要言而无信，净说假话、空话。做事的时候，一定要思考自己是否刻苦敬业，是否尽心尽力去做了，而不要敷衍对付、马虎了事。遇到疑难问题的时候，一定要思考自己是否及时做到了向别人询问、请教，而不要不懂装懂，隐瞒、掩饰问题。遇到自己想发怒的时候，一定要思考是否会因为自己的一时之怒而产生后患、危难，而不要为逞一时之快最后反倒害了自己。遇到好处、钱财、利益的时候，一定要思考自己得到这些东西是否合于仁义道德，而不要见利忘义、争名夺利，贪图、攫取不义之财。

孔子的“君子有九思”，可以说包含了儒家学说中关于“仁、义、礼、智、信、温、良、恭、俭、让”的基本要义，是做人做事、待人接物的基本规范。如果这些你能做到，你才可以被称为德才俱佳、品格高洁的君子。如今两千多年过去了，孔子关于“九思”的谆谆教诲言犹在耳，仍具有很强的现实意义，时刻在警醒着我们：做人做事，当不“九思”乎？当不以此为镜，时刻自省自警自励乎？！

子贡曰："君子之过也，如日月之食[1]焉：过也，人皆见之；更也，人皆仰之"。

——《论语·子张》

注释

①日月之食：日食、月食。

译文

子贡说："君子的过失就像天空中的日食、月食：发生的时候，人们都看得见；改正错误，人们都敬仰他。"

解读

这里用日月之食比喻君子之过，是一个相当形象而出彩的比喻。君子就像太阳，他常以温暖吉祥的阳光照耀众人，但君子也有犯错误的时候，就像太阳、月亮也会出现日食、月食一样。本则格言包含两层意思：其一，人人都有可能犯错误；其二，犯了错误能够承认并改正，是难能可贵的。钱穆在《论语集解》中解释此条时说："君子有过，本出无心，亦不加文饰，故人皆见之。或说：以君子之德位，为瞻望所集，故苟有过，不得掩。……如日月之蚀，人皆仰望，盼其即复光明，亦无害其本有之尊崇。"

君子日汲汲[1]以成辉，小人日怏怏[2]以至辱。

——《文子[3]·上德》

注释

①汲汲：汲（jí），本义是从井里打水、取水。汲汲，形容勤勉甚而急切的样子，欲速成之。

②怏怏：怏（yàng），自大之貌。

③文子：相传是老子的弟子，与孔子同时期人。其所著《文子》，全书已失，《汉书·艺文志》录有《文子》九篇。

译文

君子勤身以修道，日益辉光；小人自大自满而不求上进，终至困辱。

解读

“玉不琢，不成器”。打理玉石，需要不断地“切磋”“琢磨”，以形成造型优美的形态和温润晶莹的光泽。君子修身亦如是，须虚心勤勉，一点点提升自己，逐渐形成让人敬仰的光辉人格。小人却容易自满，疏于修身，不求上进，甚至放纵自己不好的德行，以致落入被人轻蔑的境地。

人之有学也，犹木之有枝叶也。木有枝叶，犹庇荫[1]人，而况君子之学乎？

——《国语·晋语九》

注释

①庇荫：遮蔽，庇护。

译文

人有学问，就如同树木生长枝叶。树木生长枝叶，尚且能遮蔽行人（为人带来阴凉），更何况君子的学习呢？

解读

学习究竟有什么作用？其实并非每个人都真正懂得。本则格言有一个背景。范献子出使鲁国，在事先没有充分调查研究的基础上，就贸然向鲁人提出一个伤害族群感情的问题，引起对方的不快。后来范献子弄清原委，深感愧疚，并发出“人不可以不学”的感慨。本则格言就是范献子对学习重要性所作的进一步申述。

范献子以树木之有枝叶来比拟人之有学。枝叶对于树木的作用是吸收阳光雨露和提供阴凉庇护。同样，充分的学习，对于人而言，也具有重要作用。这个比喻确实是精当而形象的。在现实生活中有的人工作做得很好，有的人却做得不理想。原因虽然很多，但善不善于学习，有没有智慧和耐心对工作的主客体进行充分的调查研究，是决定工作成效的关键环节。

孟子曰："伯夷隘[1]，柳下惠不恭。隘与不恭，君子不由[2]也。"

——《孟子·公孙丑上》

注释

①伯夷隘：伯夷狭隘，气量太小。伯夷，相传为黄帝的第四代孙，东夷部落的首领，曾协助大禹治水。

②不由：不取。

译文

孟子说："伯益气量太小，柳下惠太随便。气量小和随便，都不是君子应当做的。"

解读

孟子在本则格言之前有一段论述，说伯夷很自傲自负，当时的各国君主虽然用好言好语来招致，但他都不接受。他之所以不接受，就是因为自己不屑于去接近那些人。柳下惠却不以侍奉昏君为可耻，不以自己官职小为卑下；入朝做官，不隐藏自己的才能，但一定按照他的原则办事。

伯夷不能容人，柳下惠则毫无原则地容人。孔子说："过犹不及。"伯夷不及，柳下惠太过，所以他们的做法都是君子所不赞同的。

孟子曰："君子深造之以道，欲其自得之也。自得之则居之安，居之安则资之深，资之深则取之左右逢其原[①]。故君子欲其自得之也。"

——《孟子·离娄下》

注释

①左右逢其原：成语"左右逢源"由此而来。

译文

孟子说："君子依循正确的方法来获得高深的造诣，这就要求他通过自己的努力来获取知识。通过自己努力得来的知识，就能牢固地掌握它而不动摇；牢固地掌握它而不动摇，就能积蓄很深；积蓄很深，用起来便能取之不尽，左右逢源。所以君子要通过自己努力得到想要得到的东西。"

解读

孔子说："知之者不如好之者，好之者不如乐之者。"（《论语·雍也》）这个"乐"，就是兴趣，就是自觉，就是主观能动性。古今中外，凡是成就一番大事业者，不论其具体从事何种职业，成功的共同原因就是他们都具有高度的主观自觉。他们对于知识的获取、积累、巩固、运用与提升，无不受益于这种主观自觉和努力。这种主观自觉和努力，说到底就是一种价值观，就是一种人生态度。为什么我们常说做好工作，要解决思想上的"总开关"？其实就是要从根源上培养这种正确的人生态度和价值观。

君子博学而日参省乎己[①]，则知明而行无过矣。

——《荀子·劝学》

注释

①日参省乎己：每天多次自我反省。参，三，意指多次。

译文

君子学问广博而又坚持每天进行多次自我反省，那么就会智慧明达而不犯错误。

解读

“失败是成功之母”，这是对那些善于总结教训、乐于自我反省而又能够持之以恒的人说的。否则，失败将永远是失败之母。

君子居必择乡，游必就士，所以防邪僻而近中正[①]也。

——《荀子·劝学》

注释

①中正：中立、正道。《周易·乾卦·文言》说“大哉乾乎！刚健中正，纯粹精也”。

译文

君子居住一定要选择友善的乡邻，出游一定要结交贤士，其目的就是要防范歪门邪道而亲近中正大道。

解读

居必择邻。古有“里仁”、今有“芳邻”之说。孔子说：“择不处仁，焉得知？”而孟母三迁的故事则更生动、更具体地说明了“居必择乡”的道理。选择与什么人相处、相交，不仅关系到一个人事业上是否能够成功，更关系到其品格是否能够得到维护、提升。选择交友，建立什么样的“朋友圈”，对平常人尚且如此重要，对于那些手握实权的各级官员和重要行业的领导者们，就更加具有非同寻常的意义。因此，一定要多交挚友真朋，远离狐朋狗友，这是本则格言的重要警示。

君子不傲[1]、不隐、不瞽[2]，谨顺其身。

——《荀子·劝学》

注释

①傲：急躁。

②瞽（gǔ）：瞎，盲。无目曰瞽。

译文

君子不急躁、不隐瞒、不盲目，要谨慎按照不同特点对待来请教的人。

解读

本则格言的前面有一段论述：“礼恭而后可与言道之方，辞顺而后可与言道之理，色从而后可与言道之致。故未可与言而言谓之傲，可与言而不言谓之隐，不观气色而言谓之瞽。”意思是说：“（请教的人）如果恭敬有礼，然后可以跟他谈道德宗旨；言辞和顺，然后可以跟他谈道德内容；脸色显得乐意听从，然后可以跟他谈道德精深极致。所以，跟不可与之交谈的交谈了叫作急躁；跟可与之交谈的而不交谈叫作隐瞒；不察看脸色就交谈叫作盲目。”这段话旨在说明，作为一个老师，对待不同的学习态度要有不同的教学方法。孔子也有过相似的言论：“不愤不启，不悱不发，举一隅不以三隅反，则不复也。”（《论语·述而》）一个学生，不到他苦思冥想的时候不去启迪他，不到他心里明白但表达不好的时候不去开导他，举一个方面不能进而理解其他方面就不再讲解了。学生自己如果没有学习的主动性甚至有排斥心理，就不要考虑在如何给他讲解知识上下功夫了。其实，这些不仅是一种教学方法，也是人与人之间交流的方法。

君子之言，涉然[①]而精，俛然而类[②]，差差然而齐[③]。

——《荀子·正名》

注释

①涉然：深入貌。

②俛然：俯就貌。类：有条理。

③差差然：参差不一貌。齐：一致。

译文

君子的言论，深刻而精确，贴近实际而有条理，虽不是千篇一律却能够道理贯通一致。

解读

语言是思想的外壳。君子的言论之所以能做到深刻、精准、贴近实际、有条理，是因为君子有着深刻的思想、清晰的思维以及实事求是的精神。与其羡慕、惊叹君子的言论，不如从根本上加以学习，多读书、多观察、多思考。

敦厚慈孝，讷于言，敏于行，务在鞠躬[1]，君子长者。

——《史记·太史公自序》

注释

①鞠躬：恭敬谨慎貌。

译文

诚朴宽厚、为人孝敬，言语上不夸夸其谈，行动上却勤勉，为人处世恭敬谨慎，这就是所谓的君子、长者。

解读

君子、长者是人们所敬慕的人格典范，具有道德的向心力。这样的人温柔敦厚，友爱孝敬，勤心于工作而绝少夸夸其谈，接人待物谦逊慎微，让人如沐春风，倍感温馨和煦。受到君子之风的熏染，与之亲近的人都会变得彬彬有礼，社会风气也会由小及大，逐渐好转。本则格言来源于孔子，《论语》中便有“君子讷于言而敏于行”的名言。

君子所贵乎道者三：太上[1]立德，其次立言，其次立功。

——（西汉）司马迁《与挚峻书》

注释

①太上：最上。太，很、极。

译文

君子所看重的道有三项：最上等的是树立崇高品德，其次是著书立说确立自己一家之言，再次是为国为民建立功勋。

解读

司马迁这则格言，其意最早出于《左传·襄公二十四年》："太上有立德，其次有立功，其次有立言，虽久不废，此之谓三不朽。"唐代著名学者孔颖达曾注疏说："立德，谓创制垂法，博施济众；立功，谓拯厄除难，功济于时；立言，谓言得其要，理足可传。"孔颖达的解释，赋予《左传》这段话以更为完整的内容，被后代多所演绎，立德、立功、立言逐渐成为有志向者的人生追求，并被赋予"三不朽"的重要意义。历代读书人都把"立德、立功、立言"作为毕生的远大目标，孜孜以求，奋发上进。

本则格言中，"立德"是指做人，"立功"是指做事，"立言"是指做学问。所以说"太上立德"（最上等的是树立道德），乃强调做人最为重要，只有先做好人，然后才能做好事、做好学问。这一看法，即使以今天的眼光看，也是很有借鉴意义的。

修身者，智之府①也；爱施者，仁之端②也；取予者，义之符③也；耻辱者，勇之决④也；立名者，行之极⑤也。士有此五者，然后可以托于世，列于君子之林矣。

——《汉书·司马迁传》

注释

①府：聚集之处。

②端：开始。

③符：征兆。

④决：标准。

⑤极：最高准则。

译文

加强自身修养，是智慧的凝聚；乐于施舍，是仁德的开端；取舍得当，是道义的表现；正确对待耻辱，是判断勇敢的标准；树立好的名声，是品行的最高准则。士人具备了这五条，才能在社会上立足，从而进入君子的行列。

解读

如何做君子？君子有什么样的标准？这是先秦以来历代思想家所着力探求的。司马迁这里给出了他的理解。他将君子的范畴总结为智慧、仁德、道义、勇气、品行五个方面。这确实是在继承孔子、孟子、荀子等前贤论述，特别是在结合春秋战国直至西汉前期一系列优秀人物嘉德懿行的基础上，所做出的新的论述和总结，也是司马迁对君子概念内涵的丰富与发展。

常玉不瑑[1]，不成文章[2]；君子不学，不成其德。

——《汉书·董仲舒传》

注释

①瑑（zhuàn）：在玉器上雕刻凸起的花纹。

②文章：这里指错杂的色彩或花纹。

译文

玉不雕琢，不能形成美丽的纹路；君子不学习，就不会有良好的道德素养。

解读

一件精美的玉器，要靠不断的打磨才能制成；一种良好的素养，也要通过持续学习才能形成。本则格言告诉我们的是，人世间一切美好的理想，都要靠奋斗获得，夸夸其谈、空头议论不行，浅尝辄止、大而化之也不行，只有坚韧不拔，苦干实干，才能成就一番事业。习近平同志强调“空谈误国，实干兴邦”，又说“踏石留印，抓铁有痕”，就是说修德、进业都要持之以恒、不懈奋斗。

君子不恤[1]年之将衰，而忧志之有倦。

——（东汉）徐幹《中论·修本第三》

注释

①恤：忧虑，惊恐。

译文

君子不忧虑年华老去、日渐衰弱，而忧心自己志气有所倦怠、消减。

解读

人生在世，生老病死总是要面对的。格局小、眼光浅的人会斤斤计较于自然生命的寿夭，并为此感到不安，担忧恐惧。其实，年长体衰是自然现象，任何人无法摆脱。正确的态度是，应该超然于生死之外，不要被它所局限、所困厄。曹操说得好："老骥伏枥，志在千里。烈士暮年，壮心不已。"跟自然生命的长短相比，理想、志向、价值观的实现，才是更应该被高度关注的。所以，只要志气依然不倦怠，纵然是年老体衰，也照样能活出人生价值、人生精彩。

君子不患位之不尊，而患德之不崇；不耻禄之不夥[1]，而耻智之不博。是故艺可学，而行可力也。

——《后汉书·张衡列传》

注释

①夥（huǒ）：多。

译文

君子不愁地位不够尊贵，而担心品德不够高尚；不以俸禄不多为耻，而以学识智慧不够广博为耻。因此技艺要勤学苦练、行动更要奋发有为。

解读

一个人以什么为追求，以什么为目标，直接导致他有什么样的人生选择，能达到什么样的人生成就。有些东西，可能人人都想获得，比如学有所成，比如品行高尚。但为什么往往只是少数人能够获得呢？本则格言似乎能给我们一定的启发。身为君子，修炼品德和提升智慧是他的终极追求，为了这个追求，他可以拒绝地位尊贵的诱惑，也毫不以俸禄微薄为意，这才使其能够成功。如果专注于蝇头小利、浮华虚名，那么自己的理想追求，最终显然只能是镜花水月，竹篮打水了。

君子推微达著[①]，寻端见绪[②]，履霜知冰，路露知暑。时行则行，时止则止，消息盈冲[③]，取诸天纪[④]。

——《后汉书·蔡邕列传》

注释

①推微达著：推究事情的苗头而知晓它显露时的情状。微，隐约；著，明显。

②绪：指另一端或线索。

③消息盈冲：消息，消长、增减、盛衰；盈冲，盈满与虚空。

④天纪：上天的纲纪，这里指时势。

译文

君子能够由小见大，由开头发现线索，从脚下踩着的白霜预知冰雪，又能在路上出现露水的时候预见酷暑。顺天应时，遇到可发挥作用时就发挥作用，遇到难以发挥作用时就退避自守，进退取舍，取决于时势。

解读

君子不仅应该是个有德行的人，也要是个有智慧的人。本则格言所讲的君子不仅要明了世间万物生息消长的规律，在自身的出处进退上也须顺应天理，该行则行，应止则止，做到谋时而动，顺势而为，以达到天人合一的境界。一个人行为处事，尤其是在遇到突发情况或疑难局面时，如果只知一条道走到黑，不知根据实际情况的变化灵活应变，那么本质上是愚钝的，称不上有智慧的人，也就很难称得上是君子。

忠臣不表其功，窃功者必奸也。君子堪隐人恶，谤贤者固小人矣。

——（隋）王通《止学》

译文

忠臣不会表白他的功劳，偷取他人功劳的人一定是奸臣。君子可以替人隐瞒缺点，诽谤贤德之士者一定是小人。

解读

正直的人，会通过努力提升自己来面对社会的竞争，获取荣誉。没有真本领、心胸狭隘的人，才会想歪点子博取名利，比如窃功、诽谤等。这或许能带来一时的成功，但丧失了学习、提高的动力，只是增长些对自身发展和提高没有任何好处的“歪门邪道”，最终荒废了自己。所以为人处世应该像个正人君子那样，对自己严格、对他人宽容，这样对自己、对他人都是件双赢的事。

君子不念旧恶，旧恶害德也。

小人存隙必报，必报自毁也。

——（隋）王通《止学》

注释

君子不计较以往的恩怨，计较以往的恩怨会损害君子的品行。小人心有嫌隙一定会报复，这样只能自我毁灭。

解读

与人和睦相处而非争斗挞伐，是君子首先要考虑的。对别人宽容也是对自己宽容，放下以前的恩怨，会让自己从怨恨、不满中解脱出来。君子不会让自己纠缠在癣疥小事中，这样只会让人目光短浅，无法成就大事。俗话说，大人不记小人过。超越常人拥有君子般的雅量，这需要具有宽广的胸怀和不凡的见识，所以雅量也是君子修身养性的一个重要方面。

汝[1]若全[2]德，必忠必直[3]；汝若全行，必方[4]必正。终身如此，可谓君子。

——（唐）元结[5]《自箴》

注释

①汝：你。

②全：成全，完善。

③必忠必直：必须要忠诚、耿直。

④方：不圆滑，正派。

⑤元结：字次山，号漫叟、聱叟，唐代文学家。他一生为官时间大概只有十年，所到之处名声载道，誉满朝野。本则格言中的“忠、直、方、正”，是元结一生所致力追求的人格品质。他的三个儿子也以此取名：长子以方字友直，次子以明字友正，季子以仁字友让。

译文

如果你要完善自己的品德，必须忠厚、率直；如果你要品行无瑕，必须正直、正派。一辈子都做到这样，才能称为君子。

解读

元结生活的时代，恰逢唐王朝盛极而衰的重要转折点，特别是安史之乱前后，士林思想动态和行为作风一度混乱，他本人又曾在地方上任职，近距离体验民生疾苦与国家危机，深知士人责任之重。因此，他特别看重士人群体品格节操的完备与坚守。理解元结这段自箴，须将其纳入特定时代生活背景下加以认识。

言语者，君子之枢机[1]，谈何容易。

——（唐）吴兢《贞观政要·慎言》

注释

①枢机：比喻事物的关键。

译文

言语对君子来说极其重要，说话并非易事。

解读

唐太宗对侍臣说："凡在众庶，一言不善，则人记之，成其耻累，况是万乘之主？不可出言有所乖失。其所亏损至大，岂同匹夫？"身为君王，一言一行均能引起很大的反响，一言可兴邦，一言也能辱国，所以应慎重。

说话是一门艺术。言语对于一般人同样重要，说什么样的话体现了一个人的内在见识和修养。君子所言，应该言必有据、言为心声、言必有中、言而有信、言行一致。语言是君子修身养性的一个重要方面。

君子修身，避祸也。

——（宋）晏殊[1]《解厄鉴》

注释

①晏殊：991—1055年，字同叔，北宋著名词人、诗人、散文家，曾位极人臣，官拜宰相。《解厄鉴》是一部讲如何避免厄运以及探讨造成厄运原因的著作，深刻而具体地剖析了人性的种种弱点，对君子该如何处事也有不少指导性的见解。

译文

君子修身养性，是为了躲避祸患。

解读

在物欲横流的社会里，祸患和困厄潜伏着，稍不小心，它们便会纠缠不休。意志力薄弱的人，抵不过物欲的诱惑，放纵贪欲，因而常不免坠入祸患。这些人是可悲的，但不值得同情。君子之所以令人敬佩，不是因为他们没有欲望，而是贵在能审时度势，决不让欲望左右自己。君子修身养性的过程是艰苦的，但勤学修身既能端正和提升自己的品行，又能避免灾祸，是我们每个人都应认真遵循的。

君子改过，小人饰[1]非；改过终悟，饰非终迷；终悟福至，终迷祸归。

——（宋）邵雍[2]《迷悟吟》

注释

①饰：粉饰，掩盖。

②邵雍：1011—1077年，北宋著名哲学家，与周敦颐、张载、程颢、程颐并称“北宋五子”，共同创立了北宋理学（新儒学），在中国思想史上具有重要地位。

译文

君子知错能改，小人却粉饰掩盖错误；改正错误能使人最终醒悟，粉饰错误却始终让人迷惑；醒悟了才能有好的福气，始终迷惑只能招徕祸端。

解读

《左传》有言：“知错能改，善莫大焉。”犯了错误能够认识并改正，没有什么比这更好的事了。《礼记》中又说：“知耻近乎勇。”意为知道羞耻就近乎勇敢了。犯错固然难堪，君子认识并改正错误也需要勇气，但这种勇气可以促人幡然醒悟、回归正途，也能让人重新获得更好的发展空间。

君子莫大于学，莫害于画[1]，莫病于自足，莫罪于自弃。

——（宋）晁说之《晁氏客语》[2]

注释

①画：划断，停止。

②《晁氏客语》：北宋晁说之（1059—1129年）撰。本书阐述了立身处世、立志成才和处理家庭关系以及人际关系的一系列准则，更涉及为官、治国、治学、修身、养性各方面内容和对社会、自然、人生的思考。文字精炼玲珑、生动直白，颇有阅读价值。

译文

对于君子来说，最重要的事情莫过于学习，最有害的东西莫过于半途而废，最值得诟病的是自满自足，最大的错误是自暴自弃。

解读

“学如逆水行舟，不进则退”，这真是非常精彩的一句话。其实不止学习，人生也一样，当你停滞不前时，就已经处于慢慢被淘汰的过程中了。而导致学习、人生停滞的最大祸首，是自我设限、自足傲慢和自我放弃三者。设限源于对安逸现状的满足，傲慢是由于对自己的高估，放弃则是因为失去了信心。所以对于学习和人生来说，它们是“害”，是“病”，是“罪”。如何去害惩罪、药到病除？关键在于树立健康的人生观价值观，积极进取，警戒三分钟热度，拒绝半途而废，做到生命不息，奋斗不止。

古之君子如抱美玉而深藏不市[1]，后之人则以石为玉而又炫之也。

——（宋）朱熹《朱子语类》

注释

①不市：不拿来贸易。市，动词，买卖。

译文

古时有才德的君子，就像深山怀抱美玉一样从不招摇过市；后代缺乏才德的人，总把如顽石一样的自己作为美玉拿出来招摇炫耀。

解读

古代真正的君子非常有内涵，像美玉一样深藏不露；现在的小人们往往不知天高地厚，喜爱自我炫耀，根本就是顽石，还把自己当美玉。这形容某些人没有自知之明，自吹自擂，从另一个角度也可说明自吹自擂的人往往没什么真才实学。

要知自家是君子小人，只须五更头检点[1]，思想的是什么便得。

——（明）陈继儒《小窗幽记》

注释

①检点：查看。

译文

要想知道自己是有道德的君子还是庸常的小人，只要在五更天时自我反省一下，检查一下头脑中想的是什么，就可以得出明确的结论。

解读

君子和小人的分野，在于君子以大我为出发点，小人则以小我为出发点；君子不以利而害义，小人却因利而伤义。五更天是一天的活动将要开始的时候。人们追逐了一天后，大部分人在一二更时只求赶快入眠，以便明天有更好的精力重新工作。到了五更多已睡饱，便会开始盘算新的一天所要做的事情。这时君子和小人之间所想的就大大不同了。君子想到的是如何竭尽一己之力去帮助他人，将分内的工作完成；小人想到的则是如何逢迎达官贵人，如何占人便宜，如何推托偷懒、吃喝玩乐。所以，在这一天将要开始的时候，只要回过头来看看自己心中盘算的是什么，君子和小人的分野就十分清楚了。

积山丘之善，尚未为君子；贪丝毫之利，便陷于小人。

——（明）陈继儒《小窗幽记》

译文

积累的善行有山丘那么高，尚且未必能成为君子；而一旦贪图了极细微的利益，便会堕落成为小人。

解读

行很多善事，亦会因为偶尔做的一件贪图小利的事而成为小人。可见，成君子难，成小人易。君子贵在从始至终的坚持，不要因为一时的贪念而坏了名节，“勿以善小而不为，勿以恶小而为之”。

君子不傲人以[1]不如，不疑人以不肖[2]。

——（明）陈继儒《小窗幽记》

注释

①以：因为。

②不肖：不成材。

译文

正人君子不会因为别人不如自己就骄傲，也不会因为别人不成材就不信任别人。

解读

“宽以待人，严于律己”；“己所不欲，勿施于人”，这些都是君子做人的信条。君子既不会因他人不如自己而对其傲慢无礼，也不会因为别人曾经有过过错而看不起别人。仁义为怀、宽宏大量是君子应有的品格。

君子有三惜：此生不学，一可惜；此日闲过，二可惜；此身一败，三可惜。

——（明）陈继儒《小窗幽记》

译文

君子认为有三件事可惜：终身不学，浑浑噩噩，一可惜；一日不学，虚度时光，二可惜；身无长物，碌碌无为，甚至有损名声，三可惜。

解读

不学和闲过最终会导致一生的遗憾。所以不让一日闲过，活到老、学到老，才是君子所应有的生活。贪图安逸，只能是一时的逍遥快活，必然会导致一生庸常无为。因为所有不如意的现在，都是由于有不够努力的当初。君子的人生态度，是自强不息，厚德载物。这应该为我们每个人所记取和效仿。

君子之心事，天青日白，不可使人不知；君子之才华，玉韫珠藏[1]，不可使人易知。

——（明）洪应明《菜根谭》

注释

①玉韫珠藏：比喻像玉一样深藏不露。韫，深藏，包含。

译文

君子所想，如青天白日，没有什么不可告人的阴暗心理和行为；君子的才华往往像珠玉一样深藏不露，从不轻易地让人知道。

解读

古人推崇坦诚无私、谦虚谨慎的处世之道。君子行事，光明磊落，无须遮掩矫饰、虚张声势；同时对自己的才华、主张不过分去炫耀，过分炫耀易使自己陷入尴尬之地。三国时的杨修就是一个典型的例子。

杨修是曹操的主簿，才华出众，最终被曹操所杀，其主要原因就在他过于张扬。当时杨修主持建造丞相府的大门，曹操在门上题了一个“活”字，杨修立即揣摩出曹操的意图是嫌门太阔了，立即下令拆掉重建。有人送一盒酥给曹操，曹操在盒上写了“一合酥”字，杨修就让人“一人一口”吃了。曹操知道杨修才比他高，就有些嫉妒了。后来，在一次战役中，曹军陷入进退两难的境地，杨修从曹操啃鸡肋自叹中，自作聪明，下令准备班师，终于被曹操抓住把柄把他杀了。杨修被杀的原因，很重要的一点是过于显露自己的才华。如果他不在大庭广众之前让曹操难堪，那他也能保证性命无忧。

众人以顺境为乐，而君子乐自逆境中来；众人以拂意[1]为忧，而君子忧从快意处起。盖众人忧乐以情，而君子忧乐以理也。

——（明）洪应明《菜根谭》

注释

①拂意：违背自己的意愿。

译文

一般人都认为处于顺境是值得高兴的，而君子的快乐源于逆境；一般人都以不如意为烦扰，而君子的担忧从心情舒爽的时候就开始了。大概众人的忧乐都发乎情，而君子的忧乐出自于理性。

解读

宋代名臣范仲淹在《岳阳楼记》中说古之仁人，不会因景色“满目萧然”而悲戚，也不会因“春和景明”而心旷神怡，他们“不以物喜，不以己悲”。为什么会这样？因为他们的忧乐是出于对国家、百姓的关心，而不是发于自身的私情。那么君子何时会感到快乐呢？其必曰：“先天下之忧而忧，后天下之乐而乐。”中华民族是一个有强烈忧患意识的民族。可以说，正是这种“生于忧患，死于安乐”的集体自觉，才是保证我们民族历经磨难而不衰、砥砺前行而兴旺的力量源泉。一个民族如此，其实对于我们每一个个人来说，又何尝不是？人生于世，应该时时刻刻有危机感、紧迫感，从中汲取源源不断的动力。

盖天下有天下之君子、小人，吾心有吾心之君子、小人；吾心之小人未能尽去，而天下之小人遂缘之而起。

——（清）方孝标《蜀雒党论》

译文

大概天下有天下所谓的君子、小人，而我（指君子）心中有我心中所谓的君子、小人；君子心中的小人没能完全祛除，天下的小人就会随之而大量出现了。

解读

方孝标的这篇文章主要在论述君子各自为党、划分界限所带来的社会危害。道德品行是需要不断修炼的。每个人心中可能有君子的品格，也含有小人的狭隘心态。君子也难免会有心存偏执的小人品性，如果不能很好地处理这些负面的心理和情绪，那么天下的小人就会借机更加肆无忌惮地出现。因此，方孝标提倡君子要努力践行孟子的“养气说”：“我善养吾浩然之气……其为气也，至大至刚，以直养而无害，则塞于天地之间。”若天地之间充盈流动着正气，那么邪气就无所遁形了。

君子诲人不倦，而师道必严。

——（清）王夫之[1]《周易内传·蒙》

注释

①王夫之：1619—1692年，明末清初三大思想家之一，世称船山先生。

译文

君子传道授业要耐心而不知疲倦，同时也要具备师道尊严的形象和规矩。

解读

君子传道授业是以诲人不倦为责任和追求的，这就使君子天然扮演了一个为师者的角色。那么，如何才能做一个合格的老师？渊博的知识、正确的方法，这些自然都是不可或缺的，而要想更好地实现目标，必须要树立不容冒犯的师道尊严。当然，师道尊严不应该被理解为一种霸权，而应该视作师者所具有的健康正面的人格力量、品行尊严，对于学习者，应该是尊崇仿效的榜样，不能亵渎。今天的教育工作者，也应该从中受到启发，用这个标准来严格要求自己，给学子们树立起一座座巍峨的师道丰碑。

君子之为学也，深其功，识犹患浅；抗其志，行犹患卑。

——（清）方苞《书高密单生追述考妣遗事后》

译文

君子追求学问，要深下功夫，防止见识肤浅；要砥砺意志，防止见解随人仰俯。

解读

人们求索学问、实践真知，最不能落入浅尝辄止、一知半解，甚至半途而废的境地。求学也好，实践也好，一是要下苦功夫、硬功夫；二是要保持独立主见，任何时候都不人云亦云、随波逐流。只有时时刻刻保持一种不满足的求知欲，保持一种如临深渊、如履薄冰的心态，保持一种追求真理、实事求是的科学态度，才有可能获得成功。

君子之立身也，非比类[1]不足以成其行。一出焉，一入焉，途巷之人也。学也者，务一也。其事必始于慎独，而终于独立不惧，遁世无闷[2]，匪是而能一之者鲜矣。

——（清）方苞《送钟励暇宁亲宿迁序》

注释

①比类：仿效，效法。

②遁世无闷：谓逃避世俗而心无烦扰。

译文

君子处世为人，非比照善类无以成就自己的德行。忽而消极无为，忽而积极入世，冷热无常，这是普通百姓的做法。学习，贵在专一。学习这件事必开始于独处时谨慎不苟，结束于坚定操守而无所畏惧，即使不为世用，亦无苦闷。不这样而能做到其中之一的人也是很少的。

解读

怎么样做君子？一要向善，二要专一，三要坚持。所谓向善，就是说自己的言行一定要向那些好的品质看齐。“近朱者赤，近墨者黑”，这是一个再简单不过的道理。如果在这个根本问题上出了差错，就与君子之道南辕北辙。在有了目标之后，不能三心二意，必须要全神贯注去做。学习不能有丝毫的投机，要有始有终，一丝不苟，坚定不移。只有这样，才能成为君子。我们修身处世，想要有所作为，特别是若想在德行上有所修养，应当仔细体会并切实践行这样的原则。

兰芳不厌谷幽，君子不为名修。

——（清）陈宏谋《养正遗规》[1]

注释

①《养正遗规》：清陈宏谋（1696—1771年）辑，主要论述有关养性、修身、儿童及青少年启蒙教育、读书和学习方法等方面，是陈宏谋所采录的《五种遗规》之一。另外四种为《教女遗规》《训俗遗规》《从政遗规》和《在官法戒录》，可参看。

译文

兰花的芳香不因其生于深山幽谷中而不散发，君子也不为表面的名誉而修养自身。

解读

君子如兰，两者都是生性淡雅宁静。兰花不会因为山谷空幽就心生厌烦寂寞，君子修身养性也不是为了名声势利。只有在内心做到从容淡定，才能抵御住外界种种的诱惑，专注在自己所要达成的目标上。这样的人才是真正的君子。

因推明其旨，将以扶正道率后贤，是可谓君子之为学矣。

——（清）姚鼐《礼部员外郎怀宁汪君[1]墓志铭并序》

注释

①汪君：汪德钺，安徽怀宁人，官至礼部员外郎。

译文

（汪德钺研究儒家经典，）一定要将文字中包含的大义宗旨推求清楚，以确立正确的路径引领后学。这才是君子治学的目的。

解读

君子治学，要把理解经典的大义作为努力方向，不可满足于粗枝大叶、一知半解，从而为后人进一步理解经典奠定良好的基础。君子治学，不仅在于要使自己明白道理，更在于为让后来者能够便捷地寻找到一条求学明理的正途，引领后学奋勇向前。所谓推己而及人，就是这个道理。从中亦可见君子的胸襟气度。

君子之学必好问。问与学，相辅而行者也，非学无以致疑，非问无以广识。

——（清）刘开[1]《问说》

注释

①刘开：1784—1824年，安徽桐城人，清代散文家。

译文

君子求学，一定要善于提问。问与学，是相辅相成、并肩前行的两个方面。不学习，就无从发现有价值的问题；不多请教，不多发问，就无从开拓自己的见识。

解读

孔子早就说过："敏而好学，不耻下问，是以谓之文也。"（《论语·公冶长》）可见勤奋学习与勇于提问，被视为成为一个善于学习之人的重要方法。本则格言，不仅指出"问"与"学"之间相辅相成的关系，而且进一步论证了两者各自的作用，即学习可以促使提出问题，而多向别人请教又能增长见识。其实，无论是向书本或实践学，还是向身边有学识的人请教，都是认识世界、改造世界的重要方式，值得充分重视并积极加以运用。

君子之养锋蓄锐，其于精神意气，用其方新[1]，不用于既盛[2]，而况于垂竭乎？

——（清）刘开《樵者传》

注释

①方新：正在兴起。

②既盛：已经兴盛过了。

译文

君子平常磨砺锐气、积蓄力量，在精神意气上，要用于神清气旺之时，而不要在已经兴盛过了的时候用之，岂能在其衰竭枯竭之时用之？

解读

君子无论修身还是学习，都必须善用其力。在攻坚克难的关键时刻，要保证精力蓬勃兴旺，而不是最旺盛的时刻已经过去，更不能需要用力时已是强弩之末。否则，便无法完成工作，实现大的跃升和突破。本则格言意在说明，君子做事，要善于审时度势，选择有利时机做适合做的事，这样才能成就一番事业。

太平之世，正气常伸，邪气常伏，君子犹惧邪气之潜进也。

——（清）姚莹《与潘河帅书》

注释

在太平之世里，正气更容易得到伸张，邪气则往往被压制。（尽管如此，）君子还是会担心邪气会在暗地里侵入。

解读

正气与邪气是一组矛盾。大体而言，在一个健康向上的社会里，正气昌盛而占主导地位，邪气便不容易大行其道。不过也正因如此，邪气的存在会被有意无意忽略，致使其会在悄无声息间滋长，从而逐渐形成气候、酿为祸患。因此，对于邪气，对于坏的事物，要无时无刻不保持高度警惕，决不能放任自流，不能因一时的疏忽而放松对歪风邪气的防御。

君子持盈[1]保泰，忧盛危明；当安居时，不肯一日安居，早起宴寝[2]，孜孜汲汲[3]，以成德成才为务。必求德日进，业日修。

——（清）方宗诚《柏堂遗书·与吴生兆学》

注释

①持盈保泰：处在极盛时要谦逊谨慎以保持平安。
②宴寝：宴，通“晏”，晚。宴寝，很晚才睡觉。
③孜孜汲汲：心情急切、勤勉不懈的样子。

译文

君子在富贵安逸的时候，总是小心谨慎地守护，无时无刻不担心繁荣盛明的景象失去。在可以安享幸福的时候，却总是不敢安居，每天都起得很早，睡得很晚，勤勉努力，以修养德性、修成才学为重要任务。君子追求使自己的品德每天都能获得提升，学问每天都能有所进益。

解读

一个人、一个团体、一个政权，处在顺境之时，该秉持什么态度，直接关系到人生的荣衰、事业的成败、政权的兴亡。本则格言所说的君子举动，代表着对待成功、对待顺境的正确态度。毛泽东说过：“谦虚使人进步，骄傲使人落后。”在中国革命胜利前夜，他又振聋发聩地提出“两个务必”的谆谆告诫，所讲的也是同样的道理。今天，我们的国家已经发生巨大变化，我们距离民族复兴的伟业实现从来没有如此迫近，越是在这个时候，越要保证谦虚谨慎、不骄不躁的作风。

谗言①败坏真君子，美色消磨狂少年。

——（清）周希陶《增广贤文》

注释

①谗言：指说坏话诽谤人。

译文

正直的君子，往往顶不住谗言的诋毁而身败名裂；勇于进取的少年，容易在美色的诱惑下消磨意志。

解读

本则格言告诉我们，人言可畏。流言蜚语，特别是恶意诽谤，往往能败坏一个人的名声。我们每个人为人处世，应与人为善，通过努力学习提高自己的素质，而不是靠诽谤他人来抬高自己。本则格言同时警示青年，爱美之心人皆有之，美色乃人之所好，但爱好美色要适度，不能放纵，欲望一旦放纵就会消磨身体、萎靡精神。这是古今之教训，尤其值得我们年轻人记取。

下情难于上达[1]，君子不耻下问。

——（清）周希陶《增广贤文》

注释

①上达：通达到上层。

译文

下面情况往往难于被上面所了解，君子应虚心询问了解下面的情况。

解读

孔子是我国伟大的思想家、政治家、教育家，儒家学派的创始人。历代封建统治者都遵奉他为天生的最有学问的“圣人”。然而孔子认为：“余非生而知之者。”事实上，无论什么人，包括他自己，都不是生下来就有学问的。真正的学者都是不耻下问的真君子。尤其是当自己有了一定地位之后，别人对自己的看法就很难传到自己耳中。下情难于上达，所以君子更需要虚心地倾听别人的意见。

重诚讲信

子曰："君子进德修业：忠信，所以进德也；修辞立其诚，所以居业也。"

——《易经·乾卦》

译文

孔子说："君子致力于学问修养，以忠信来培养品德，以检点言辞来建立诚信，这是成就事业的立足点。"

解读

"进德修业"是君子的两大功课。所谓"进德修业"，首先要做到推忠于人，以信待物，君子的德行便会每日进步。其次，"辞"是文教的意思，"诚"是诚实的意思，在外要修理文教，对内则要立其诚实，内外相成，才能成就功业，故云"居业"也。君子在内在诚信、外在文教上修养自己，又能做到推己及人、待人以诚，那么便会居上位而不骄，居下位而不闷，始终凝聚人心，不会犯什么错误了，始终保有平安。可见，在一个人的生活工作中，忠信、立诚具有多么重要的作用。

子贡问君子。子曰："先行[1]其言，而后从之。"

——《论语·为政》

注释

①行：践行。

译文

子贡问怎样做才能够成为君子。孔子说："先履行所说的，然后再用言语表述出来。"

解读

《论语》有很多处讨论言行关系，可见孔子对这个问题的重视。本则格言，用我们今天的话讲，就是先做后说。为什么要先做后说呢？就是不要做"语言的巨人，行动的矮子"。同时，这也涉及诚信的问题。从认识论的角度来考察，人们对于规律的认识来源于实践，只有先开展实践，然后才能从中总结出规律来。在孔子的弟子中，子贡极聪明并善于言辞。孔子这样教育他，也可说是因材施教，有的放矢。

子曰："君子义以为质，礼以行之，孙[1]以出之，信以成之。君子哉！"

——《论语·卫灵公》

注释

①孙：通"逊"，谦逊。

译文

孔子说："君子以道义为根本，用礼仪来推行它，用谦逊的话语来表达它，用诚信来落实它。这就是君子啊！"

解读

"义"是君子品格的重要内核（另一个是"仁"），如何践行"义"？孔子给出了三个步骤，即举止有礼、言语谦逊和诚信做事。立身处世，想要做到这三点是不容易的。因为这意味着言行必须遵循道义，不能违背规范，必须说到做到，落实到行动中。但只要遵循了这样的原则，处处以之为指导，那么自然就能收获君子的"义"的品格，也就可以当之无愧地成为君子了。

君子之言，信而有征[1]。

——《左传·昭公八年》

注释

①征：验证。

译文

君子所说的话，真实而可验证。

解读

每个人都会说话，但是君子说的话和一般人说的话有什么不同呢？古人认为不同即在于是否真实，是否经得起检验。这个限定看似简单，想要做到却很难。言语是要通过实践来检验的，可有的人没有经过细致深入的实践，就随意表态解说，那么他说的话是否符合客观实际，就很值得怀疑。再者，有些人在实践中看到了真实情况，但考虑到各种外在的因素，不愿意把实情道出，这样也会导致其言论的客观性大打折扣。因此，要做到“信而有征”，一要深入实际，二要光明磊落。

君子不亮[1]，恶乎执[2]？

——《孟子·告子下》

注释

①亮：通“谅”，诚信、忠诚。

②执：持守，操守。

译文

君子如果不诚信，怎么能够有操守呢？

解读

讲诚实、守信用，是人之为人的首要品格。而诚于己、忠于人又是诚信的两个重要方面，一个人如果做不到对自己诚实，便会有意无意掩盖自身的缺点，得过且过，甚至日渐顽劣，为人所唾弃；如果做不到对他人诚信，花言巧语，前后不一，便会失信于人，无法维持正常的生活工作，更不可能成就一番事业。“君子亮”，至关重要。然而守信也要有个度，子曰：“君子贞而不谅。”君子固守正道，但并不是不分是非大小而一味地守信用。刘关张“桃园三结义”，推忠于彼此，是为了匡扶汉室的崇高目的；黑道称兄道弟拜关公，虽也讲究信义，但做的是打家劫舍的丧心之事。忠信于人，不能丢了善恶的原则，两者结合起来才是最值得遵循的操守德行。

君子有大道，必忠信以得之，骄泰[1]以失之。

——《礼记·大学》

注释

①骄泰：骄恣放纵。

译文

君子拥有崇高的道德水准，只有恪守忠信才能得到它，骄奢放纵就会丧失它。

解读

君子是社会上的人格榜样。但是君子不是凭空得来的，必须依靠时时刻刻的恪守忠信，才能砥砺君子人格。而一旦丧失操守，甚至骄奢放纵，那么很容易使这种宝贵人格得而复失。因而，君子人格应该是通过不断的修炼、改造，才能得到培育巩固的。与此同时，一定要警惕、杜绝各种骄奢淫逸的行为，以避免对君子人格造成损害。

诚者，自成也；而道[1]，自道也。诚者，物之始终，不诚无物。是故君子诚之为贵。

——《礼记·中庸》

注释

①道：《礼记·中庸》第一节说，“天命之谓性，率性之谓道”。即“天所赋予人的叫作性，遵循性而行的就叫作道”。

译文

真诚是人的自我完善，而道是人自己所遵循的天性。真诚贯穿于一切事物的始终，没有真诚就没有万物，因此君子以真诚为贵。

解读

本则格言可以凝聚成一个词——“诚外无物”，意思是说世间万物都遵循着本性真实地存在，除此无他。做人做事亦是如此。真诚乃做人之本，除了诚心待人、诚心做事以外，其他的想法都是多余的。“巧诈不如拙诚，惟诚可得人心”（《韩非子》），无论个人，还是集体，甚至国家，都一样是无诚不立。诚信能释放出强大的凝聚力和正能量，需要大家共同来维护。

君子养心莫善于诚，致诚则无他事矣，唯仁之[1]为守，唯义之为行。

——《荀子·不苟》

注释

①仁之：之仁，致仁。

译文

君子修身养性，最关键的要讲诚信，达到诚信就会万事顺遂。无论是仁还是义，只有通过诚信才能实现。

解读

君子修养自己，就是为了使自己获得仁与义这两种优秀的品德。那么如何达到仁与义呢？在荀子看来，最关键的是要做到“诚”，认为只有讲诚信，不虚妄，才能把事情做好，也才能有仁有义。我们说话办事，“诚”是第一准则，不能违背“诚”。有了这个根本前提，一切美好的品质都会相映生辉。

天地为大矣，不诚则不能化万物；圣人为知矣，不诚则不能化万民；父子为亲矣，不诚则疏；君上为尊矣，不诚则卑。夫诚者，君子之所守也，而政事之本也。

——《荀子·不苟》

译文

天地是宏大的，不诚实就不能造化万物；圣人是智慧的，不诚实就不能教化万民；父子是亲近的，不诚实就会相互疏远；君主是尊贵的，不诚实就不会被人们尊重。诚实，是君子必须遵守的，也是行政的根本要求。

解读

荀子很看重“诚”，从多个角度对其重要性进行剖析。本则格言表明，无论从事何种职业，也无论何种身份、何种人际关系，诚信都是必须要遵守的，是起码的条件。荀子特别强调在行政活动中“诚”的重要性。这是为什么呢？因为行政本质上是一种社会公共事业，牵涉的社会面广，受其影响的范围具有全局性、全民性。在行政事务中，如果不能自始至终将“诚”贯穿下来，列于首要地位，那么所产生的负面危害，也将是难以估量的。今天，我们各级行政部门，在定政策、做规划以及具体实施的全过程中，都应该做到“诚”，这既是维护政府公信力的题中应有之义，也是维护群众利益的根本保障。

君子耻不修，不耻见[①]污[②]；耻不信，不耻不见信；耻不能，不耻不见用。是以不诱于誉，不恐于诽[③]，率道而行，端然正己，不为物倾侧，夫是之谓诚君子。

——《荀子·非十二子》

注释

①见：被。

②污：动词，污谤，说别人坏话、泼脏水。

③诽：毁谤。

译文

君子以不能修身为耻，不以被人污谤为耻；以不守信为耻，不以不被人信任为耻；以自己无能为耻，不以不被人所任用为耻。所以君子不会被利誉所引诱，不会因诽毁而怯馁，遵循本性而行，端正其身，不为外在事物所动摇，这样才可谓是真正的君子。

解读

君子修养身心，提高各方面能力，都以诚信为起点。“君子养心，莫善于诚”（《荀子·不苟》），诚信为立身立世之本。当君子处于人生逆境的时候，他们不归咎于他人，不怪罪于外在条件，而是首先反躬自问是否做到了诚实、有能力、有修养。只有时时刻刻都警醒自己、认清自己，才能保持不断的进步和内心的充盈，才能做到“富贵不能淫，贫贱不能移，威武不能屈”（《孟子·滕文公下》）。一个内心坚定、不为外物所动的人，才是真正的君子。

君子以行言①，小人以舌言。

——《孔子家语·颜回篇》

注释

①言：说话。

译文

君子以行动来说话，小人用舌头来说话。

解读

君子默默而行，小人夸夸而谈。为什么会这样呢？一是君子一心做事，无暇言说；小人懒于干事，只好以不停的言说来证明自己的存在。二是君子把观点和意见的陈述表达建立在实践基础上，而小人则会在毫无依据的前提下信口开河。显然，这两个方面都是要竭力杜绝的。中华传统文化教育我们做人做事，特别强调言行一致，多干少说。

身[1]君子之言，信也；中[2]君子之意，忠也。忠信形于内，感动应于外。

——《淮南子·缪称训》

注释

①身：躬行，身体力行。

②中：通“忠”，尽心竭力。

译文

身体力行君子所说的话，就是信；竭力奉行君子的意愿，就是忠。忠和信形成于内心，其感发的力量却动人于外。

解读

晋代大文学家陆机的《文赋》中有“石蕴玉而山辉，水怀珠而川媚”一句，意思是说，山石中因为蕴藏着宝玉而使整个山体都焕发着光辉，江流中因为孕育着宝珠而使整条江水都显得灵动。这“玉”和“珠”就好似君子内在的“忠信”品德，内蕴美质，自然而然便形成了外在的感发力量，令人自发地学习、躬行。君子所倡行的忠信之道，具有由内而外感发的生命力，绝不是生硬的口号和标签。

君子诎①于不知己而信②于知己者。

——《史记·管晏列传》

注释

①诎：原意卷曲、弯曲，引申为受压抑。

②信：通“伸”，伸张。

译文

君子在不了解自己的人面前受到压抑，而在了解自己的人面前意志就会得到伸张。

解读

本则格言来源于一个春秋时期的故事：晏婴是齐国一位爱国忧民的国相，有一天出门，在路上遇上一个被捆绑的人叫越石父（是个贤人），就用自己的一匹马为代价把他赎出来并带了回去。到家后，晏婴没有和越石父说话就自己走了，把越石父晾在那了。越石父于是请求与晏婴断绝来往。晏婴非常惊讶，说：“我的德行虽然一般，可是我把你从困境中救了出来，你为什么这么快就想要离开我呢？”越石父说：“君子诎于不知己而信于知己者。”意谓当我被人捆绑起来的时候，是因为别人不了解我，您既然把我赎出来，是因为您把我当知己。知己的人对我无礼，还不如被人家绑起来呢。于是晏婴反省自己，把他挽留下来并尊为上客。

“君子诎于不知己而信于知己者”，这句话非常耐人寻味，它有两方面的意思：第一，说明一种普遍现象，君子只有在了解自己的人那里，或者说只有和志同道合者在一起，才能够自在地伸展志气抱负。第二，也可理解成君子的态度，对于不了解自己的人，不用太过认真，委屈自己以应对就好；遇到知己，就可以毫无顾忌地一展胸怀，因为知己之间可以相互理解、相互包容。无论第一还是第二种解释，都在强调君子要审时度势、能屈能伸。

公生明，偏生暗；端悫[1]生达，诈伪生塞[2]；诚信生神，夸诞生惑。此六者，君子之所慎也。

——（西汉）刘向《说苑·至公》[3]

注释

①端悫（què）：端，正；悫，恭敬、朴实。

②塞：蔽塞。

③《说苑》：又名《新苑》，西汉刘向编，是一部古代汉族杂史小说集。按类记述春秋至汉代的诸子言行、遗闻轶事，多为对话体，充满哲理，主要体现了儒家思想。

译文

心如果公正，就自然清明；心偏邪，就会产生黑暗。端正诚实就可以通达，欺骗虚伪就会产生蔽塞。诚信就会有所感应，夸大虚妄就会产生迷惑。这六条都是君子非常警戒的。

解读

追求内心的公正明亮、谦诚平和，便会使人心生宁静安详。没有什么事情看不开，没有什么问题想不明白，就避免了片面狭隘的境遇，躲开了偏激、迷惑的情绪。由此可见，讲诚信对于人的重要性。

君子不妄，有生者必有死，有始者必有终，自然之道也。君子忠人，况己乎？小人欺己，况人乎？

——（西汉）扬雄《法言·君子篇》①

注释

①《法言》：西汉扬雄撰，共包括学行、吾子、修身、问道、问神、问明、寡见、五百、先知、重黎、渊骞、君子、孝至十三篇。全书尊孔孟、谈王道，主要宣传儒家思想。

译文

君子从不妄想妄言，有生就有死，有始就有终，这是自然运转的道理。君子对他人忠诚，何况对自己？小人连自己都欺骗，又何况他人？

解读

有人问扬雄有关神兽、仙人的有无及寿夭等虚妄的问题，扬雄如是答。扬雄《法言》是模仿孔子的《论语》而作，所传达的也是正统的儒家思想。《论语·述而》载："子不语怪力乱神。"这里扬雄所言"君子不妄"是同一意思。在儒家看来，与其在神怪问题上浪费时间精力，不如积极关注当下，解决现实中遇到的问题。因为自然的生灭始终有其必然的规律，并不以人的意志为转移，因而多思无益，不如务实。

本则格言还强调了君子"忠"的本质。君子对他人都十分忠信，何况对自己？小人连自己都欺骗，又何况对他人？阐述得十分精彩，说明忠信的起点在于对自己的真实，不自欺欺人，不做一叶障目、掩耳盗铃的蠢事，由此推己及人，便会把真诚、忠信的态度投射到他人身上。要检验自己是否具备君子的忠信品质，我们首先得扪心而问，看是否做到了对自己内心的坦诚相待。

大人不华[1]，君子务实。

——（东汉）王符《潜夫论·叙录》[2]

注释

①华：开花，华而不实，只开花不结果。

②《潜夫论》：东汉王符撰，是一部对东汉后期社会政治采取尖锐批判态度的政治著作。

译文

有道德的人不虚华，君子致力于实际。

解读

无论古代还是现代，“华而不实”都是不受人欢迎的。君子讲究实际，注重实效，致力于实在而具体的事情。今天做工作干事业，尤其要注意以实绩取信于民，切实防止各种表面政绩、形象工程的发生。

君子示其短，不示其长。

——（晋）杜预《守弱学》

译文

君子显露自己的缺点，不展示自己的优点。

解读

“君子示其短”，不矫饰、不伪装，因而活得真实自在。另一方面，不掩饰自己的缺点，是为了让众人监督自己，从而更好地提高自我。君子也不轻易显露自己的长处，目的在于一方面谦虚谨慎，保持积极上进的状态；一方面韬光养晦，避免遭到别人的忌恨。

以小人之虑[1]，度君子之心。

——《世说新语·雅量》[2]

注释

①虑：思虑，想法。民间有句类似的俗语："以小人之心，度君子之腹。"

②《世说新语》：由南朝宋刘义庆（403—444年）组织编撰，是中国古代志人笔记的代表作，主要记录了魏晋名士的逸闻轶事和玄言清谈，语言简洁明快、含蓄隽永，具有极高的文学价值和史料价值。

译文

以小人的想法，揣度君子的心思。

解读

君子、小人最重要的区别就在于利益的出发点不同，君子为人，小人为己；君子内心光明坦荡，小人内心阴郁忧愁。小人以自己能否获利的心态来揣度君子的想法，常常无法理解君子高尚的追求。

言出于口，结于心。守以不移，以立其身。此君子之信也。

——（唐）武则天《臣轨·诚信章》①

注释

①《臣轨》：唐代女皇武则天撰。该书以儒家传统道德观念为基础，论述为臣者正心、诚意、爱国、忠君之道，以作为臣僚的借鉴。公元690年，武则天改国号为“周”，并造字“曌”作为自己的名字，取日月凌空之意，成为中国历史上唯一的女皇帝。

译文

话一说出口，就要铭记于心。坚守前言而不改变，以此来处世为人。这就是君子的诚信。

解读

人们很讨厌一种做法，就是反悔。因为反悔就是随意更改自己的承诺，不讲诚信。怎样做才叫讲诚信呢？一个很重要的依据，就是如何对待自己的言语。君子是十分重视自己的言语的，认为说的话要遵从自己的内心，说出来就要承认、遵守，只有这样才能建立起诚信来，所以俗话说：“君子一言，驷马难追。”当今社会，信用缺失问题不同程度存在。深刻体会本则格言，显然有助于加强对诚信重要性的认识。

虽有仁智，必以诚信为本。故以诚信为本者，谓之君子；以诈伪为本者，谓之小人。君子虽殒，善名不灭；小人虽贵，恶名不除。

——（唐）武则天《臣轨·诚信章》

译文

虽然有仁爱与智慧，但必须要以诚信为本。因而以诚信为本的人，就是君子；以狡诈虚伪为本的人，就是小人。君子虽然去世，但是好的名声不减丝毫；小人即便显贵，但是恶的名声无法去除。

解读

仁爱、智慧、诚信，都是优秀的道德品质，武则天却特别强调“诚”的重要性，这显然不是偶然的。在武则天登上皇位并执掌最高权力的人生历程中，遭遇到无穷无尽的掣肘和阻挠。面对形形色色的各种势力，武则天自称看不起她的反对者们。这是为什么呢？因为在武则天看来，这些反对者们虽然有仁有智，但过于讲求韬略，过于讲求城府，过于讲求计算，本质上是不真诚的。武则天的识人与用人，即便是死敌，只要真诚，她也给予礼遇，甚至大胆使用。这是武则天作为一个女政治家的非凡之处，也保证了大唐王朝在她的治理下依然能够向前发展。

君子修身，莫善于诚信。

——（唐）武则天《臣轨·诚信章》

译文

君子修养身心，没有比诚实信用更好的方法了。

解读

怎么样才能修养好自己的身心呢？诚实守信是最关键的。诚信意味着真实、意味着坦荡、意味着一切虚伪的东西都能够被剔除，这样就为修养身心提供了足够的空间。所以，今天我们一定要提倡诚实守信，以此为基础，实现人格品行的完善，实现全社会道德水准的提升。

君子言心，小人攻心，其道不同，其效自异哉。

——（五代）冯道《小人经》

译文

君子说心里话，小人研究别人的心理，他们的方法不同，所产生的效果自然就有差异了。

解读

仗义执言、知无不言、言无不尽是君子的作风。然而小人根据别人的心理，决定自己的言行，或刻意逢迎，或抓住对方把柄以攻击之。所以小人往往一时得宠，君子却因忠言逆耳可能遭遇冷落。但时间长了，君子的真诚和为人会被众人知晓，小人的伎俩也会被大家看穿。所以做人还是要像君子一样，光明磊落，真诚坦荡。

君子困不惑人，小人达则背主，伪之故，非困达也。

——（五代）冯道《小人经》

译文

君子身处困境也不迷惑别人，小人一旦显达就会背叛他的主人，这是小人虚伪的缘故，不是困境和显达的外在环境所造成的。

解读

小人会把自己的错误行为怪罪到种种客观条件上，如深陷困境和被逼无奈等。而君子在任何时候都能表里如一、保持本色。小人和君子这种不同表现是由其内在本性决定的。

君子不道虚言，实则逆耳。

——（宋）晏殊《解厄鉴》

译文

君子不说假话，说实话就会使人听起来感到不舒服。

解读

在封建专制时代，君子的遭难多与其说实话有关。说实话本无过错，问题是一些人很少能够接受实话，他们更多满足于假话的悦耳，而无虚心纳言的宽广胸怀。好慕虚荣和虚伪的人缺乏远见卓识，这种人不是君子，势必难与君子志同道合。社会上好慕虚荣乃至虚伪的人很多，由此也决定了君子的弱势地位；不爱听实话的人更多，与假话相比，君子的实话竟是一种显著的“缺陷”了，这实在是君子和社会的共同悲哀。

君子有宰[①]天下之心，裁[②]之自亲始；君子有善[③]万世之心，行之自身始。

——（宋）胡宏《知言·仲尼》[④]

注释

①宰：主宰、治理，使之有序。

②裁：节制，制裁，约束。

③善：动词，妥善治理，使之向善。

④《知言》：南宋胡宏撰，主要阐述了人性无善恶的观点，对性命之理论述较详，“性立天下之有”是他的基本思想。

译文

当君子有治理天下、使之秩然有序的抱负的时候，首先制裁约束的是与自己亲近的人；当君子有匡正万代民风的宏愿的时候，首先从自我躬行开始。

解读

身正而为后世范。若要成就匡扶天下、造福万民的大事业，首先要做到对自己、对身边人高标准、严要求。只有把自己近旁的一亩三分地料理得清爽有序，才能够把天下治理得和谐有序。古语云，“不扫一屋，何以扫天下”，说的就是这个道理。

君子常行胜言，小人常言胜行。

——《宋元学案》①

注释

①《宋元学案》：清黄宗羲（1610—1695年）、全祖望（1705—1755年）等撰，一百卷，收录九十一学案（其中三案称“略”），记宋元学者两千余人，是中国学术思想史佳作之一。

译文

君子常常行动胜过言语，小人常常言语胜过行动。

解读

君子勤于践行，做得多而说得少；小人善辩，口若悬河却行动迟缓。君子小人谁更受欢迎，历史早已给出答案：“桃李不言，下自成蹊。”（《史记·李将军列传》）这就是说，一个人只要坚持行善举，踏踏实实做事，就自然能获得别人的尊重信任，也就自然会成为君子。如果反其道而行之，满足于夸夸其谈，而不重视躬行实践，那么难免就会落入小人的境地了。

友善宽容

宁过①于君子，而毋②失于小人。过于君子，其为怨浅；失于小人，其为祸深。

——《管子·立政》

注释

①过：过失，这里引申为得罪。

②毋：不要。

译文

宁可得罪君子，不可辜负小人：得罪了君子，其产生的怨恨不深；辜负了小人，其招惹的祸害不浅。

解读

无论君子还是小人，都有喜、怒、哀、乐的正常情感。如果有人开罪于他们，都不免有愤怒的情绪。但君子为人处世有原则，不以一己好恶作为评判的标准；小人则没有多少是非观念，全凭一己喜怒来办事。君子的责怪只限于一时一事，但小人会把这种怨气蔓延到其他事情上，处处成为他人的绊脚石。生活中，尽量不要得罪小人。

子曰："君子周①而不比②，小人比而不周。"

——《论语·为政》

注释

①周：普遍，引申为"团结"。

②比：朋比，勾结。

译文

孔子说："君子团结人而不勾结人，小人勾结人而不团结人。"

解读

君子心存公正，普遍善待他人，而不偏袒徇私；小人偏袒徇私，往往拉帮结派，而不普遍善待别人。君子宽容大度、宽宏大量；小人则十分排外，打击异己。"周"和"比"是区分君子、小人的关键。

子曰："君子成人之美，不成人之恶[①]。小人反是[②]。"

——《论语·颜渊》

注释

①恶：坏事，丑事。

②是：此，这个。

译文

孔子说："君子帮忙成全别人的好事，不帮助别人做坏事。小人与此相反。"

解读

君子之所以是君子，首先就在于他明辨是非，具有区分善恶的鉴别力。同时，君子又有着"推己及人"的美德：希望在自己身上发生的好事，君子也乐于成全在他人身上发生；避免在自己身上出现的坏事，君子也忧虑在他人身上出现，君子常存有博爱的精神。小人却恰恰相反，嫉善嫉美，幸灾乐祸。君子积极推动着社会的正能量，受人尊敬；小人却可能沉沦在负能量中，结果只能害人害己。

子夏曰："……君子敬而无失[①]，与人恭而有礼，四海之内皆兄弟也。君子何患[②]乎无兄弟也？"

——《论语·颜渊》

注释

①无失：没有过失。

②患：忧愁。

译文

子夏说："……君子做事尽心敬业、没有过失，与人交往以礼相待，结果与四海之内的人都亲如兄弟。君子哪还愁没有兄弟呢？"

解读

"德不孤，必有邻"。做一个有道德的人，别人都会来与你亲近；"道同相谋"，做一个有理想的人，志同道合者必会与你一同追梦。"落地为兄弟，何必骨肉亲"（陶渊明《杂诗》），"兄弟"未必是有血缘的兄弟，更多是道义上的兄弟。有仁德、有志向、有胸怀的人，兄弟自然会遍天下。

曾子曰："君子以文会友[1]，以友辅仁。"

——《论语·颜渊》

注释

①文：文章。

译文

曾子说："君子用文章来交会朋友，借助朋友来辅助仁德的提升。"

解读

君子以文会友，小人以酒会友。以文会友，相互切磋文章，彼此相得益彰；以酒会友，相互比拼酒量，往往伤了感情。孔子说："三人行，必有我师焉。"（《论语·述而》）人处孤独状态，易放任懒散；而与人交往，则易振奋精神。通过以文会友，借此向别人学习，也能扩大自己的眼界，提升自己的修养。

子曰：“君子和而不同[1]，小人同而不和[2]。”

——《论语·子路》

注释

①同：相同。

②和：和谐。

译文

孔子说：“君子追求和谐却不求同一；小人追求同一却不和谐。”

解读

此句“君子和而不同”与“君子群而不党”等句同义，即保持并尊重个体的个性和不同，以宽容的心态与人相处，求同存异，达到真正的人际和谐。“和而不同”，意即原则性与灵活性的统一，有立场与善共处的统一。这是中华文化的杰出智慧。今天，无论是普遍的人际交往、社会交往，还是国家间的交往交流，都应充分借鉴学习“和而不同”的智慧。

子曰："君子矜而不争①，群而不党②。"

——《论语·卫灵公》

注释

①矜：矜持，端庄而不乖戾。不争：不争执。

②群：合群，以和处众。不党：不结派，不勾结。

译文

孔子说："君子能够做到矜持而无争执，合群而不拉帮结派。"

解读

北宋大文学家欧阳修有一篇名文——《朋党论》，文中提出一个重要观点："小人无朋，惟君子则有之。"为什么君子有朋而小人无朋？作者进一步解释道："小人所好者禄利也，所贪者财货也。当其同利之时，暂相党引以为朋者，伪也；及其见利而争先，或利尽而交疏，则反相贼害，虽其兄弟亲戚，不能自保。……君子则不然。所守者道义，所行者忠信，所惜者名节。以之修身，则同道而相益；以之事国，则同心而共济；终始如一，此君子之朋也。"表面上看，本则格言与欧阳修的论述有不合之处，但根本上是一致的。它们所共同告诉我们的处世智慧是：人与人交往，不能以利苟合，不能搞亲亲疏疏那一套；要既讲原则，又谋团结，只有这样，才能把工作做好。为什么要坚持五湖四海、任人唯贤，反对团团伙伙、拉帮结派，本质上说的也是这个道理。

君子莫大乎与人为善[1]。

——《孟子·公孙丑上》

注释

①为善：做善事。

译文

君子最高的德行就是善待别人，助人为乐。

解读

“与人为善”，多指以善意的态度对待他人，为人着想，乐于助人。要想做到与人为善，首先要有一颗宽容、慈爱、善良的心，并在行动上乐于助人。我们的社会，如果大家都与人为善，做到“我为人人，人人为我”，则一定会建立起一个和谐、美好的社会。

君子之交淡若水，小人之交甘若醴[1]；君子淡以亲[2]，小人甘以绝[3]。

——《庄子·山木》

注释

①醴（lǐ）：甜酒，美酒。

②淡以亲：恬淡自然而亲切。

③甘以绝：甘甜却易绝交。清代周希陶在其《增广贤文》中，把庄子的这句话表达得更加明白："君子之交淡如水，小人之交甘如醴。君子之交淡以成，小人之交甘以坏。"

译文

君子之交淡如水，小人之交甜如酒。君子之交，恬淡自然而亲切；小人之交甜腻却容易分离。

解读

君子之间的交往，更多是道义、志趣的相投，礼尚往来，不卑不亢，如清水般浸润心间，涓涓长流；小人之间的交往，更多是利益的交换，相互抬举，甜言蜜语，如酒般甜醉，却容易因利益的结束而结束，甚至因利益的不和而交恶。

君子絜[1]其身而同焉者合矣，善其言而类焉者应矣。故马鸣而马应之，牛鸣而牛应之，非知也，其势然也。

——《荀子·不苟》

注释

①絜（jié）：洁。

译文

君子洁身自好，就会有同样情操的人前来会聚；言辞美好，就会有同样观点的人前来应和。因此，马嘶就会有马嘶来回应，牛哞就会有牛哞来应答，这不是因为它们有智慧，而是客观物性的表现。

解读

人们常说：“物以类聚，人以群分。”君子洁身自好、善言善行，自然会有志同道合的人与他亲近。但同时，君子也是一个社会道德的风向标，需要其发挥引领的作用。孔子说，君子之德像风，小人之德像草，小人承受君子的教化，就如同小草被风吹倒一样。君子作为社会的榜样，应积极发挥其感召的力量。

君子不蔽①人之美，不言人之恶②。

——《韩非子·内储说上》

注释

①蔽：掩盖，隐藏，遮蔽。

②恶：丑陋，缺点，短处。

译文

君子不遮蔽别人的美德，不宣扬别人的缺点。

解读

君子为人坦荡，不会嫉妒、遮掩别人的优点，以弘扬美德、优化社会风气为己任；同时，君子心存宽容，不会到处宣扬别人的短处，聊取谈资，让人难堪。君子是仁厚的。君子扬善劝恶，放大美的力量而遏制恶的势头，以“与人为善”为宗旨，让社会风气更加清新和谐。

君子贵[1]人而贱己，先人而后己。

——《礼记·坊记》

注释

①贵：尊重，敬重。

译文

君子尊重别人而自我谦卑，遇事则先人后己。

解读

在利益面前、在荣誉面前、在困难面前，如何处理自己与他人的关系，能体现出一个人的道德情怀和精神境界。君子“先天下之忧而忧，后天下之乐而乐”，这种先人后己的精神，值得当今社会发扬光大。

君子好人之为善，而弗趣[①]也；恶人之为不善，而弗疾[②]也。

——《大戴礼记·曾子立事》

注释

①弗趣：趣，音“促”。弗趣，意为不促速之，恐其倦怠。

②弗疾：疾，急也。弗疾，意为不急持之，恐其生乱。

译文

君子乐见人们向善、做好事，但不对这样的人过于趋奉；厌恶人们向恶、做坏事，但也不一味地讨伐他。

解读

嫉恶如仇，见善而思不及，这是一个很高的道德标杆。然而现实往往又是复杂的。假如一个人做了一点善事，周围人都一味地为其唱赞歌，有时未必能起到积极的作用。因为行善本来是好事，是自觉的、不带任何功利目的的事情，但是过度吹捧很容易让行善的人将自己的行为与功名利禄相联系，从而使思想变得不纯粹，行善也就悄然变味。同样，对错误的行为，固然需要制止，但也不能不具体分析错误产生的主客观条件，只是将犯错的人一棍子打死，而不给其改过自新的机会，那么只会增加犯错的几率，使自暴自弃之举增多。我们在工作中，每天都会遇到如何对待正确和错误、积极与消极的考验。正确的态度是，既要防止“捧杀”，又要防止“棒杀”。对待好的，表扬要适度；对于坏的、不良的，要立足于挽救教育、改早改小。后一点尤其重要。

君子不乘人于利，不迫人于险。

——《淮南子·道应训》①

注释

①《淮南子》：西汉淮南王刘安及其门客集体编写的一部哲学著作。该书在继承道家思想的基础上，又糅合了阴阳、墨、法及儒家思想，但主要的宗旨属于道家。

译文

君子不趁机获取别人的利益，不把别人逼迫于危险之中。

解读

有利才干、见利就分、少分就恼。你跟这样的人合作，会愉快吗？君子并非视利益为虎狼、为粪土，但不会乘人之危、巧取豪夺。在君子眼里，获取利益必须有情有义、有礼有节，不把自己的利益建立在损害别人的利益之上。这一观点《韩诗外传》也有表达："君子不乘人于利，不厄人于险。"

君子不困人于阨[1]，不鼓不成列[2]。

——《史记·宋微子世家》

注释

①阨（è）：同“厄”，使……困厄。

②不鼓不成列：鼓，击鼓进攻；列，列队。不鼓不成列，不进攻还没有排成队列的敌人。这里有一则历史故事：（宋）襄公与楚成王战于泓。楚人未济，目夷曰：“彼众我寡，及其未济击之。”公不听。已济，未陈（列），又曰：“可击。”公曰：“待其已陈。”陈成，宋人击之。宋师大败，襄公伤股。国人皆怨公。公曰：“君子不困人于阨，不鼓不成列。”子鱼曰：“兵以胜为功，何常言与！必如公言，即奴事之耳，又何战为？”（《史记·宋微子世家》）

译文

君子不陷人于困境之中，不进攻还没有排成队列的敌人。

解读

“不鼓不成列”，在宋襄公看来，这无疑是一种君子行为。可惜，他用错了地方。因为用兵打仗，讲究“奇”“诡”——出其不意，攻其无备。诚如文中子鱼所言，胜利才是战争的目的。失败了，甚至牺牲了，所谓“诚信”，所谓“君子”，还有意义吗？本则格言告诉我们，倡君子之风，行君子之道，不能盲目固守教条。

山陵不让椒跬[1]，以成其崇。君子不辞负薪[2]之言，以广其名。故多见者博，多闻者知，距[3]谏者塞，专己者孤。故谋及下者无失策，举及众者无顿功[4]。

——（西汉）桓宽《盐铁论·刺义》

注释

①椒跬：山顶的半步，比喻山势之险。

②负薪：背柴草的人，这里指普通人。

③距：通“拒”。

④顿功：谓功力未奏效，指不成功。

译文

山势险峻，顶峰容不下半步空间，才能成就其高大的气势。君子不拒绝听取一般人的意见，才能美名远播。所以见得多的人知识渊博，听得多的人有智慧，拒绝别人劝诫的人耳目闭塞，只相信自己的人必定孤立无援。因此，懂得与民众商量的人不会失策，能举荐发挥众人作用的人不会不成功。

解读

古人云：“海不辞水，故能成其大；山不辞土石，故能成其高；明主不厌人，故能成其众；士不厌学，故能成其圣。”（《管子·形势》）与本则格言所表达的是同一道理。见多而识广，闻多而智明，听取采集更多人的意见，不仅有助于明辨是非，还可以更多地顾及广大人民群众的根本利益。所以本则格言不仅对个人有重要意义，更具有安邦治国的政治智慧。

君子好[①]人之好，而忘己之好；小人好己之恶，而忘人之好。

——（西汉）扬雄《法言·君子篇》[②]

注释

①好（hào）：动词，喜欢，喜爱。

②《法言》：为西汉文学家、辞赋家扬雄模仿《论语》所作。“法”有准则和规范评判的意思，所以“法言”就是作为准则而对事情的是非进行评判的言论。

译文

君子喜欢别人的优点，而忘记了自己的优点；小人喜欢自己的缺点，而忘了别人的优点。

解读

君子心底坦荡、眼界开阔，并不局限于一人为善，而是乐于带动大家一起从善。所以当君子看到别人的优点或做好事的时候，比见到自己的进步更加欢悦。小人患得患失，过于在乎一己的好恶，所以常常放纵自己，却难以容人。有君子在的地方，始终散发着积极正面的情绪，人们的生活自得而快乐；有小人在的地方，则弥漫着阴暗、狭隘的气氛，人们互相防备，充满芥蒂和不信任，毫无自在可言。俗话云，“心底无私天地宽”，说的就是这个道理。

屈[1]己敬人，君子之心。

——（东汉）班固《白虎通义·礼乐》[2]

注释

①屈：委屈，卷曲。

②《白虎通义》：班固等人根据东汉章帝时期经学辩论的结果撰集而成，因辩论地点在白虎观而得名。《白虎通义》继承了董仲舒今文经学神秘的唯心主义思想，以阴阳、五行解释自然、社会、伦理、人生的种种现象，对宋明理学产生了一定影响。

译文

凡事委屈自己、敬重别人，这是君子的诚意。

解读

君子为人处世，即使自己可能受到委屈，也重视善待别人。当自己和他人产生矛盾时，怎么办呢？自私自利者首先想到的是维护自己，甚至不惜损人利己，现实中一切落井下石、损公肥私的做法，无不源于此。君子则不同，他宁愿牺牲自己的利益，也要保全别人。先义后利、先人后己、先公后私，这些常常为了成全别人的利益或公共的利益而牺牲自己利益的做法，现实中往往难以做到，也正因为难能，所以更显得可贵。

君子不怨小人，怨天也。

——（晋）杜预《守弱学》

译文

君子不怨恨小人，怨恨上天的不公。

解读

君子和小人似乎总是在一起出现：有小人的存在，才能凸显出君子的品德；而君子又常会遭遇小人的算计。所以君子难为，他们坚持道义，在一个不公正的社会大环境中，会显得特立独行而容易成为异类，遭到小人的攻击。君子不去怨恨某个侮辱他的小人，而是针对社会整体的大环境，理性地思考如何扭转不公正的现状。君子能放下个人恩怨、针砭时弊，这也是君子比常人睿智的地方。

君子可恕，其心善焉。小人可恕，其情殆焉。不恕者惟事也。

——（晋）杜预《守弱学》

译文

君子可以被宽恕，因为他们本性善良。小人可以被宽恕，因为他们的状况危险。不能宽恕的只是具体事情。

解读

曾子道：“夫子之道，忠恕而已矣。”忠恕也是君子文化中很重要的道德规范。“忠”即尽心为人，“恕”为推己及人。“恕”是君子之所以保持良好修养的一个重要因素。对待别人应该宽容，无论君子还是小人，都有可以被宽恕的地方，但对待事情就要一丝不苟。对事不对人，是“恕”道的基本原则。

君子小人，貌同心异。君子掩人之恶，扬人之善，临难无苟免，杀身以成仁。小人不耻不仁，不畏不义，唯利之所在，危人自安。

——（唐）吴兢《贞观政要·论诚信》

译文

君子和小人，外貌相同而内心不同。君子掩饰别人的过失，赞扬别人的优点，面临祸患不苟且求得幸免，愿意牺牲生命去成全仁义。小人则不以不仁为可耻，不畏惧不义，只要对自己有利，就不惜危害别人而保全自己。

解读

君子、小人虽然表面看起来一样，但在面对义和利的时候，就截然不同了。君子以义为先、以善为先，小人唯利是图。君子所做的是保护他人利益、牺牲小我成全大家的大义之举；小人所做的是以邻为壑、损公为己的不齿之事。

君子敌[1]小人，亦小人也。小人友[2]君子，亦君子也。

——（唐）来俊臣《罗织经》[3]

注释

①敌：与……为敌。

②友：与……为友。

③《罗织经》：唐武则天时期酷吏来俊臣所著的一部专讲罗织罪名、角谋斗智的书籍。虽然内容阴险狡诈，让人触目惊心，但一部分也从反面凸显了君子的品行，可资借鉴。

译文

君子以小人为敌手，自己也会成为小人；小人与君子交朋友，自己也会成为君子。

解读

想了解一个人，最好的办法是看他所处的朋友，一个人的朋友圈决定了这个人的素质和品位。同样，一个人把什么人当成对手，也决定了这个人的层次和等级。君子以小人为敌，就会疲于应付小人的各种手段和伎俩，慢慢地就会采用小人的方法来对付对方。这样君子也沾染了小人的习气，有了小人的做派。所以君子和小人为敌，得不偿失，就算赢了，也最终失去了自己君子的名节。而小人与君子结交朋友，则会受到君子的感染，自己也逐渐会成为君子。

古之君子，其责己也重以周①，其待人也轻以约②。重以周，故不怠；轻以约，故人乐为善。

——（唐）韩愈《原毁》③

注释

①重以周：严格而全面、周到。

②轻以约：宽容而简略。

③《原毁》：唐宋八大家之一韩愈创作的一篇古文。此文阐述和探讨了毁谤产生的原因，重点说明作为个人该如何正确对待自己和别人，才符合君子之风、君子之德。

译文

古代的君子，要求自己严格而全面，对待他人宽容而简约。对自己严格全面，就不会怠惰；对别人宽容简约，别人都乐意做好事、善事。

解读

君子应当在各方面严格要求自己，在提升修养的路上永不止步。而对待他人，只要不是原则性问题，就不必苛责，若是做好事更要加以鼓励。有一副对联是这样说的："宽以待人，无边浩海堪为镜；严于律己，有信大潮可作师。"宽以待人，如海纳百川，善于从他人身上发现并吸取优点，一起成长；严于律己，如恪守起落规律的大潮，修己以诚，让人心生尊敬与信赖。严于律己，宽以待人，都是为了营造和谐的人际关系，让彼此发自内心地相互尊重、相互学习、共同进步。严于律己修身，宽以待人处世，应成为我们的人生座右铭。

子曰："君子坦荡荡，小人长戚戚[1]。"雅量之有无，以别君子与小人，贤与不肖者[2]也，而为仕[3]者尤重之。

——（五代）冯道《仕经》

注释

①戚戚：忧惧、忧伤的样子。

②不肖者：品行不好、没出息的人。

③仕：做官。

译文

孔子说："君子胸怀坦荡，小人总是烦恼。"一个人胸怀是否宽广（雅量之有无），是区分君子与小人、贤良与不肖的界限，而为官者尤其应重视这一点。

解读

雅量之有无，是衡量一个人修养高低、胸襟大小的重要标准。为人处世时能否坦坦荡荡，遇到不如意的人和事时能否忍耐包容，最易见出一个人的格局气度。苏轼在《留侯论》里曾说："匹夫见辱，拔剑而起，挺身而斗，此不足勇也。"在苏轼看来，敢和人玩命并不算勇敢，能够"卒然临之而不惊，无故加之而不怒"，这才算勇，因为"此其所持者甚大，而其志甚远也"。为官从政者尤其要有雅量，只有襟怀坦荡，宽以待人，不斤斤计较于个人利益，才能得到人民群众的拥护，把集体和国家的事办好。

君子虽不过[1]信人，君子断不过疑人。

——（明）陈继儒《小窗幽记》

注释

①过：过于，过度。

译文

君子虽然不过于信任别人，但决然不会过度怀疑别人。

解读

君子不轻信于人，凡事透过现象看本质，保持自己的判断力。君子绝不会过于怀疑别人，过度的怀疑会丧失对他人的信任。怀疑是一种理性的精神，信任更是一种人类不可缺少的人格，君子善于把握其中的分寸。胡适曾说："做学问要在不疑处有疑，处人要在有疑处不疑。"这句话可与上面《小窗幽记》的格言相互参证。

君子处身，宁人负己，己无负人；

小人处事，宁己负人，无人负己。

——（明）陈继儒《小窗幽记》

译文

君子立身处世，宁愿别人有愧于自己，而决不愿自己有愧于别人。小人立身处世，宁愿自己占别人便宜，而决不愿别人占自己便宜。

解读

《三国演义》中曹操言，“宁教我负天下人，不教天下人负我”，生动刻画了历史上一代奸雄的形象。而真正的君子，宁愿别人背弃自己，也不肯辜负别人。这里小人、君子的实质区别，就在于摆在第一位的是个人利益还是他人利益。

君子于人，当于有过中求无过，不当于无过中求有过。而责己当反是。

——（明）陈继儒《小窗幽记》

译文

君子对待他人，应当在别人犯错误时看到其好的地方，而不应该在别人无过错的时候吹毛求疵。君子对待自己则恰好相反。

解读

现实生活中有人爱揪住别人的过失不放，将其夸张、放大，甚至无中生有地毁谤别人。这样的人，大都内心空虚，以此来贬低别人、抬高自己。君子与人为善，他会在别人有过错的时候，想到并看到别人的优长，善待别人。严于律己、宽以待人，这是君子的人生信条，也应该是我们每个人的座右铭。

不可以[1]一时之誉，断[2]其为君子；不可以一时之谤，断其为小人。

——（明）冯梦龙[3]《警世通言》

注释

①以：因为。

②断：断定。

③冯梦龙：1574—1646年，明代文学家、思想家、戏曲家。他最著名的作品有《喻世明言》《警世通言》《醒世恒言》，合称“三言”，代表了明代拟话本的成就，是中国古代白话短篇小说的宝库。

译文

不能够因为人们一时都对某人称赞，便断定他为君子；也不能够因为人们一时都对某人批评指责，便断定他为小人。

解读

本则格言指出了人的行为的复杂性及客观分析评价一个人所应注意的问题。在作者看来，作为社会的人是复杂的，不能以一时的好坏便对他做出评价。因为小人也会做出一些善举，受到时人的称颂；君子也会做出一些蠢事，受到人们的指责。因此，看人不能看其一时一事，而应看其全部的历史，看其主要的、本质的表现，才能得出正确评价，有时甚至需要“盖棺”才能“论定”。

春至时和[1]，花尚铺一段好色，鸟且啭几句好音。士君子[2]幸列头角，复遇温饱，不思立好言[3]，行好事，虽是在世百年，恰似未生一日。

——（明）洪应明《菜根谭》

注释

①时和：气候温和，天气和顺。

②士君子：泛指上层统治人物和读书人。

③立好言：树立良好有益的言论。

译文

春天到来时，风和日丽，鲜花尚且绽放美丽颜色，鸟儿也会婉转啼鸣出美妙的乐章。读书人如果能通过努力有幸出人头地，又能够过上丰衣足食的生活，如果不思考著述立言，为世间多做几件善事，那么他即使能活到百岁，也如没来到世上活一天一样。

解读

花鸟知春光短暂，因此希望把自己最美丽的色彩和最悦耳的歌声奉献给天地自然。它们因自己的奉献而快乐无比。人活一世，立足天地之间，吸收万物精华，应当对人类和宇宙有所回馈。况且人生如同春光，转瞬即逝，活着的时候如果不能发一分光、添一分热，那就等于空在世上走了一趟，连花鸟的境界都比不上了。

士君子，贫不能济物[1]者，遇人痴迷[2]处，出一言提醒之；遇人急难处，出一言解救之，亦是无量功德[3]。

——（明）洪应明《菜根谭》

注释

①济物：用金钱救助他人。

②痴迷：迷惑不清。

③功德：佛家语，通常指功业和德行。

译文

明理达义的君子，虽说家贫不能用财物来救助他人，可是当遇到有人感到迷惑而不知如何解决时，能从旁边指点一番，使他有所领悟；或者当他人遇到急难事时，能从旁边说几句公道话来解救他的危难，也算是一种很大的善行。

解读

在物质上救济人一次并不困难，始终怀有善良之心对待被救济人却很不容易；用车子载人一段很容易，为痴迷的人指引一条光明的道路却也同样功德无量。读书人在物质上也许并不富足，但是在心灵上应该较一般人更为明智。他应该在生活和生命的智慧上，让自己成为一座灯塔，帮助众人过上更和谐圆满的生活。

地之秽者多生物，水之清者常无鱼。故君子当存含垢纳污之量[1]，不可持好洁独行之操[2]。

——（明）洪应明《菜根谭》

注释

①含垢纳污之量：本意指对脏的东西都能容纳，这里比喻气度宽宏而有容忍雅量。

②好洁独行之操：生活中喜欢保持独善其身、自命清高的态度。

译文

并不洁净的土地上往往更有利于生物种的生长，水过于清澈反而导致鱼类死亡。所以君子应该有容纳缺憾的雅量，不可事事自命清高、孤芳自赏。

解读

《汉书》中有句话："水至清则无鱼，人至察则无徒。"意思是说，河水太清澈了，鱼儿就无法生存；一个人太苛刻了，就很难交到朋友，没有人愿意跟他打交道。所以君子要有容人度量，决不能自命清高、孤芳自赏。人无完人，我们每个人都有各种各样的缺点，都有这样那样不如意的地方。如果过于追求完美，对人求全责备，那一定会影响我们的人际关系，也将因此错过获得成功和幸福的机会。

山之高峻处无木，而溪谷回环则草木丛生；水之湍急处无鱼，而渊潭停蓄[①]则鱼鳖聚集。此高绝之行，褊急之衷[②]，君子重有戒焉。

——（明）洪应明《菜根谭》

注释

①渊潭停蓄：渊潭，深潭；停蓄，指水平静、不流动。

②褊急之衷：狭隘到极端的心理。

译文

高耸云霄的山峰地带不长树木，溪谷环绕的地方各种花草树木才茂盛生长；水流特别湍急的地方没有鱼虾栖息，水深而且平静的湖泊鱼鳖才大量生长繁殖。这种高处不胜寒的险境，水流太过湍急的峻急狭隘，都是有德君子待人处世必须严加警戒的。

解读

“君子以厚德载物”。所谓“厚德载物”，就是心性仁爱宽容，并用敦厚温柔的姿态承载各种生命事物。山之高峻、水之险绝，正如同君子修身过程中所产生的一味追求超凡或急功近利的两种典型表现。这两种表现都是以自我为中心而罔顾他人的，久而久之，君子便会陷入孤立，也就失去了大半人生意义。“水至清则无鱼，人至察则无徒”，说的就是这个道理。

好丑心太明，则物不契；贤愚心太明，则人不亲。士君子须是内精明而外浑厚，使好丑两得其平，贤愚共受其益，才是生成的德量。

——（明）洪应明《菜根谭》

译文

如果心里分别美好、丑陋太过明确，就无法与事物相融洽；如果心里分别贤能、愚笨太过清楚，就无法与人相亲近。君子应该是内心精细明察，对美丑贤愚都了然于心，但处事仁厚相待，使美丑两方都能得到平等对待，贤愚都能受到益处，这才是我们应有的道德涵养和器量。

解读

人之肌体、天分，受之自然，客观上有美丑之分、贤愚之别。一般人都趋向于爱美憎恶，过分赞扬美，也过分贬抑丑，使一些不够完美之人、不够完善之事，往往受到不公平的待遇，而自己也变得势利严苛，让人难以亲近。真正的君子是仁厚宽和的，虽然心里对美丑良莠判然分明，但如春风化雨，一视同仁地润泽万物，让美丑贤愚都感受到被尊重的欣喜，也一同受到君子的教化。这才是“厚德载物”的德性和涵养。

我不识何等为君子，但看每事肯吃亏的便是。我不识何等为小人，但看每事好便宜的便是。

——（清）金缨《格言联璧》

解读

人们常说："吃亏是福。"其实，肯不肯吃亏、会不会吃亏，也是辨别一个人品格高下、智慧高低的重要切入点。因为人生在社会之中、群体之中，人与人之间相处，难免会存在纠缠、冲突，甚至矛盾对立。有度量的人，会选择以谦让忍耐来换取矛盾的平息，换取不同个体之间的和平共处，换取群体的团结安定。而没有胸怀的人，则会睚眦必报，处处与人为难，这样只会使裂痕愈来愈深、矛盾愈来愈大，而集体的团结便无从说起了。两相对比，很显然，肯吃亏的人能赢得尊重，是君子；不肯吃亏的人终会招致非议，只是小人作派。

很多时候，还存在着会不会吃亏、该不该吃亏的考量。譬如，在集体中，一个人正在做损害集体利益的事情，揭发他，固然可以让集体避免损失，但会使自己被他记恨，就会使自己"吃亏"。如果视而不见甚至有意回护，那么不仅可以避免个人之间矛盾的产生，还能够使自己增添一个"友人"，从这个意义上说，显然于自己是"有利"的。但是，这种"获利"，以牺牲集体利益为代价，显然是不可取的。因而，小事讲风格，大事讲原则，该吃亏时大度从容，该讲原则时寸步不让。这样做，才能维护集体利益，也是维系同志间友好团结的根本法宝。

君子体仁足以长人，又曰“宽以居之”。治体以宽为主，而济之以严。

——（清）张英《张英全书》

译文

君子躬行仁道就足以为人君长，又说“以宽阔胸怀来待人处世”。治国的宗旨要以宽大为主，严厉为辅。

解读

孔子说“苛政猛于虎”（《礼记·檀弓下》）。繁苛重赋会压迫百姓，使他们处于水深火热之中。君子治国需施仁政，以宽和为主，轻徭薄赋，休养生息，使他们安居乐业。但施政宽和并不意味着放纵，更要宽严相济，惩恶扬善，使国家始终在法治的轨道上运行。

盖有道君子，重其人则责之倍严。

——（清）方苞《与万季野[1]先生书》

注释

①万季野：即万斯同（1638—1702年），浙江人，精于史学，曾参与修《明史》。

译文

有道行的君子，但凡是看重一个人，就会更加严格地要求他。

解读

人与人之间的才分天性千差万别。有一种意见认为，那些天分高、地位显赫的人，是无须进行监督干预的。但在方苞看来，越是这样受看重、有前景的人，就越需要严格要求。这个观点是非常正确的。现实工作中，一些领域和地方对干部特别是年轻干部的教育管理，不同程度地存在失之于宽、失之于软的现象，致使一些本来有很好发展前景、也能为事业做出较大贡献的人出现问题、发生错误而长期得不到有力有效的提醒、纠正，最后走向违法犯罪的不归之路，害了事业，也害了自己，教训极其深刻。近一段时间，中央反复强调，对那些越是有可能被提拔到更重要岗位上的有才干的年轻干部，就越要加强监督检查的力度，因为这既是对人才的关心，更是对事业的负责。所以说“有道君子，重其人而责之倍严”这句话，应该为我们所重视。

君子所贵，为善而已。

——（清）姚鼐《明赠太常卿山东左布政使张公祠碑文并序》

译文

君子以为宝贵的，不过行善而已。

解读

本则格言中的“为善”，说的是用自己真诚广博的爱心与明辨是非的智慧接人待物、与人为善或帮助他人。俗话说：“善有善报，恶有恶报。”用高尚的道德修养善待他人，必会得到他人善意的反馈和亲近；而用邪恶的手段对人诋毁攻击，则必然会遭到别人的报复。只有以善良之心宽以待人，君子才会感到“吾道不孤”，整个社会风气才会纯朴温情，这才是君子所最宝贵的。

君子择而后交，小人交而后择。故君子之交不轻合而轻离，小人之交恒乍欢而乍怨。君子有交，小人无交。

——（清）方正瑗《关西讲堂客问·择交》

译文

君子选择志趣相合的人以后，才与他展开交往；小人则是先与人建立关系，然后再根据是否符合自己的利益来决定值不值得继续维持下去。因此，但凡是君子之交，不会出现一会儿交往一会儿分离的现象；小人之间则总是会因为利益的波动时而欢喜、时而结怨。所以只有君子之间才有真正的朋友之交，小人是没有的。

解读

欧阳修《朋党论》的中心观点是：“小人无朋，惟君子则有之。”并从“义”“利”角度解释了其原因，认为小人在同利之时，才会“暂相党引以为朋”，是伪的。一旦利益发生冲突或衰微，导致共同利益消失，这种“伪”的“朋”，就会不复存在。而君子则因为“所守者道义，所行者忠信，所惜者名节”获得“真朋”，这种以“同道”为基础的朋友之交，会同心共济、始终如一。如果说，欧阳修的论述是说君子之交与小人之交的原则不同，那么这里所强调的，则是君子应该谨慎交友。因为经历了先“择友”而后“交友”的过程，所以君子才可能获得真正的交谊，并且能将友谊稳定地维持下去。

君子因誉[①]而情疏，因诤[②]而友密。

——（清）姚莹《乡言》

注释

①誉：夸耀。

②诤：直言规劝。

译文

君子会对过分赞誉的人疏远，但会与诚恳批评者建立亲密的友谊。

解读

人与人之间相处，如何才能建立亲密真诚、值得信赖的友谊呢？在日常生活和工作中，有的人比较喜欢别人的赞扬之声，认为颂歌盈耳能显示出自己的声望、能力，把表扬自己的人引为知己。另有一种观点则认为，只有那种敢于向自己讲真话、进诤言的人，才是真正爱护自己、关心自己的人，才真正值得相交终身；而那些成天吹捧着自己、顺着自己的人，未见得是真朋友。很显然，后一种观点才是正确的，值得认真践行。

君子之心不胜其小，而气量涵益一世。

——（清）金缨《格言联璧》

译文

君子的欲望小得不能再小，而胸怀度量包涵充溢于天地之间。

解读

君子之心不失其纯，仅在为天下万民，只此无他，因而说他的欲望很小，没有杂念。但君子是为民、为天下谋利，毫无私利之心，因而气量又极为广大。这“小”与“大”间形成巨大的反差，更凸显出君子为公为民的精纯品质。

怡情养性

言念君子，温其如玉。

——《诗经·小戎》①

注释

①《诗经》：相传是由孔子编订的一部中国最早的诗歌总集，按“风”“雅”“颂”三类编辑，共305篇，又称“诗三百”，反映了西周初期到春秋中叶约五百年间的社会面貌。《诗经》是我国最重要的文学滥觞，其中“赋比兴”的创作手法以及所表现出的“风雅精神”（关注现实的热情、强烈的政治和道德意识、真诚积极的人生态度），对后世影响极大。《小戎》是一首闺妇思念征夫的爱情诗。

译文

我思念我的君子（夫君），他温厚宛若美玉。

解读

俗话说：“宁为玉碎，不为瓦全。”古代有“古之君子必佩玉”（《礼记·玉藻》）之说。后人又延伸出“君子如玉”；“君子无故，玉不去身”等观点。为什么要把君子比作玉呢？孔子回答了这个问题：“夫昔者君子比德于玉焉：温润而泽，仁也；缜密以栗，知也；廉而不刿，义也；垂之如队，礼也；叩之其声清越以长，其终诎然，乐也；瑕不掩瑜，瑜不掩瑕，忠也；孚尹旁达，信也；气如白虹，天也；精神见于山川，地也；珪璋特达，德也；天下莫不贵者，道也。”（《礼记·聘义》）由此可见，美玉之性完全再现了君子之德。

君子使物[1]，不为物使。

——《管子·内业》

注释

①使物：役使物质。

译文

君子役使支配物质，而不是被物质役使支配。

解读

荀子曾说过："君子性非异也，善假于物也。"（《荀子·劝学》）君子拥有非凡的成就，不是因为他有过人的天分，而是由于善于假借、利用外物。这也就是说，在与物的关系当中，君子始终处于主动地位，支配役使物。如同今天用电脑办公，用手机通讯，用汽车代步等，都是在利用物的特定属性以便利我们的生活。但是很多人反为物所役使，沉迷网络、手机，运动太少等，让人的健康频频出现问题。这些都是过于依赖物的表现，结果是反为物所累。当然，贪恋物欲，谋取不义之财，更是等而下之者。我们要学习君子，理性地利用物，做到有节有度，切不可反被物所役使，让自己的正常生活陷入混乱。

人不知而不愠[①]，不亦君子乎？

——《论语·学而》

注释

①愠（yùn）：含怒，怨恨。

译文

没有人了解自己，并不烦恼怨怒，这不才是君子吗！

解读

《诗经》有云："知我者谓我心忧，不知我者谓我何求？"看来，这个所谓不被人知的困惑，确实已经成为我们这个民族久已有之的心结。只是，人这一辈子，所言所行，想要别人都能理解，有时候也只能是一种奢求吧。关键在于要有自信，自信自己的作为是正确的，是有益于他人、有益于社会的。有了这个前提，纵然是面对一时半会的不理解，难道不也应该做到处之泰然、不以为意吗？

子曰："质胜文[①]则野[②]，文胜质则史[③]。文质彬彬[④]，然后君子。"

——《论语·雍也》

注释

①质：质地。文：文采。质、文指文章的内容、形式或一个人的内在气质、外在形象。

②野：粗野。

③史：浮华。

④彬彬：文雅的样子。

译文

孔子说："质朴胜过文采就显得粗野，文采超过质朴就显得浮华。文采与质朴结合匀称，才是君子。"

解读

孔子认为一个人不仅要内在品质良好，还要用文采去彰显它。孔子的弟子子贡曾打过一个比方，说失去毛色的虎豹的皮质，看起来和犬羊的并没什么分别，以说明文采和本质同样重要。而孔子所谓"文"，不仅指外在装饰，更强调用以规范行为的礼节、仪式，以使君子更具谦谦风度，表里如一。

子曰："君子坦荡荡，小人长戚戚[①]。"

——《论语·述而》

注释

①戚戚：戚，通"慽"，忧愁、恐惧。

译文

孔子说："君子心地平坦宽广，小人却经常局促忧愁。"

解读

五代的冯道从"雅量"的视角解读孔子的这句话："雅量之有无，以别君子与小人、贤与不肖也，而为仕者尤重之。"（《仕经·雅量》）是否拥有雅量是区分小人和君子的重要标准。君子立志高远，故心胸开阔，不把蝇头小利放在心上。而小人胸无大志、唯利是图，凡事斤斤计较、睚眦必报，这样的人不能担当大事。当官的人尤其要有雅量，只有胸怀宽广，不计较个人得失，才能把百姓的利益放在第一位。

子欲居九夷[1]。或曰："陋，如之何？"子曰："君子居之，何陋之有？"

——《论语·子罕》

注释

①九夷：我国古代对东方少数民族的统称，这里指九夷之地。

译文

孔子打算到九夷之地去居住。有人对他说："那里太偏僻蛮荒了，您怎么能居住啊？"孔子说："君子居住在那里，还有什么偏僻蛮荒啊？"

解读

"山不在高，有仙则名；水不在深，有龙则灵。"（《陋室铭》）对于君子来说，什么样的居住环境并不重要，重要的是自我的修养和追求。换句话说，一个地方无论多么蛮荒偏僻，只要有君子居住，就能够传播教化，蛮荒之地也必然会文明繁荣起来。君子修其道德，不因环境而改节，反之，君子的德量却能够春风化雨，变蛮荒之地为文明之乡。

君子不以所以养[1]害其所养[2]。

——《列子[3]·说符》

注释

①所以养：用来养活身心的东西，如衣食、钱财等身外之物。

②所养：被养的对象，指身心。

③列子：名御寇，战国时期人。道家学派著名的代表人物，著名的思想家、文学家。著有《列子》一书，对后代的哲学、文学、科技、宗教都有深远的影响。

译文

君子不会以用养活身心的身外之物来伤害身心。

解读

吃饭吃出了毛病，挣钱累坏了身体，为名誉牺牲了性命等，这些本末倒置的行为，都是现代人“以所以养害其所养”啊！《孟子·梁惠王下》中有一句相近的话：“君子不以其所以养人者害人。”即君子不会为了兼并、扩张土地而伤害他的百姓。生长万物的土地本来是为栖息在其上的人民服务的。但是，如果统治者为了掠夺土地，发动战争，从而牺牲人民的生命，那就是“以其所以养人者害人”。

术正而心顺之，则形相虽恶[1]而心术善，无害[2]为君子也；形相虽善而心术恶，无害为小人也。君子之谓吉，小人之谓凶。

——《荀子·非相》

注释

①恶：丑陋。

②无害：无妨碍，无妨害。

译文

思想端正而内心依顺它，那么形象虽然丑陋但心地善良，也不妨碍一个人成为君子；形象虽然美好，但是心术不端、心地邪恶，也不妨碍一个人成为小人。君子就叫吉祥，小人就叫凶邪。

解读

形体的高矮胖瘦和相貌的美丑，都不是判断君子的标准，最重要的是要看他的内心是否淳良仁义。君子之心与小人之心的区别是善与恶、光明与阴暗、唯义是从与唯利是图的区别。无论外貌如何，只要具备君子之心，就是一个吉祥的人。反之，无论外貌多美，拥有小人之心，就是一个凶险的人。

君子乐得其道[1]，小人乐得其欲[2]。

——《礼记·乐记》

注释

①道：道义。

②欲：欲望，私欲。

译文

君子以践行仁德道义为快乐，小人以满足欲望为快乐。

解读

君子安贫乐道，“道”所指的就是儒家修、齐、治、平的仁德道义。君子乐于见到伦理清明、风俗淳朴、天下安宁的景象，并将之作为毕生的追求。而小人只在乎一己欲望，以满足自我的温饱淫乐为目的，不顾及他人的利益。仁义之道和欲望，并不是水火不容的两极，若用仁义之道来节制欲望，就能快乐而不迷乱；但如果耽于欲望而忘却道义，便会迷乱而不快乐。君子之所谓君子，就是始终把仁德道义放在心间，并以之作为行事的准则，所以能够做到近以修身、远以安民。

君子贤其贤而亲其亲[1]，小人乐其乐而利其利。

——《礼记·大学》

注释

①贤其贤而亲其亲：前一个“贤”“亲”是动词，意为尊敬、亲近；后一个“贤”“亲”是名词，意为贤人、亲人。

译文

君子尊重贤人，亲近亲人，小人享受安乐，获得利益。

解读

“君子”“小人”的内涵，有时需要结合上下文来理解。本则格言的前后题意是：贵族敬重先王们的贤能，亲近先王们的族人；平民欣赏着先王们遗留的声乐，享受着先王们遗留的恩泽。

与君子游，苾[1]乎如入兰芷之室，久而不闻，则与之化矣；与小人游，贷[2]乎如入鲍鱼之肆，久而不闻，则与之化矣。是故君子慎其所去就[3]。

——《大戴礼记·曾子疾病》

注释

①苾（bì）：芳香。

②贷："膱（zhí）"的讹字，指油肉腐败的臭味。

③去就：离去或接近。

译文

和君子结伴，就像进入一间植满芝兰的房间里，待得久了，反倒浑然不觉，因为自己在不觉然间就被芝兰所散发的香味浸染了。与小人厮混，就像进入一家满是腥臭味的咸鱼铺，日子长了，也就习以为常，因为早已被这股恶臭所同化了。所以君子对于远离谁、接近谁特别谨慎。

解读

选择与什么样的人相处交往，很多时候对于人生道路的选择、人生模式的定位、人生价值的设计，具有至关重要的作用。人毕竟总是生存在特定的群体之中的，群体以及群体中其他成员的影响力不可忽视。中国古代有"孟母三迁"的故事，《荀子》中也有"蓬生麻中，不扶自直。白沙在涅，与之俱黑"的话语，讲的都是这个道理。现实生活中，有些人犯了错误，固然有各种各样的主客观原因，但交友不慎、择友不严，或者说不能在光怪陆离的世界中谨慎地选择朋友圈，恐怕是其中最突出的原因之一。

君子修美[1]，虽未有利，福将在后至。

——《淮南子·修务训》

注释

①修美：修养美德。

译文

君子修养美德，虽然暂时没有得到什么利益，但是幸福跟在后面就来到。

解读

君子修养美德，并没有什么功利目的，不是为了在短时间内创获利益。君子提升道德、修养品性，是为了提升自己的人生境界，营造和谐的社会环境。这一过程是艰辛而漫长的，但只要一切发展都能纳入到良性的轨道，那么祥和的气氛便会慢慢形成，福气也就跟着自然而来了。

君子之行，静以修身，俭以养德。非澹泊[1]无以明志[2]，非宁静[3]无以致远[4]。

——（三国）诸葛亮《诫子书》

注释

①澹泊：恬淡寡欲。

②明志：明确志向。

③宁静：心境平和。

④致远：树立、达到远大的目标。

译文

君子的品行，用恬静来修养自己的身心，用节俭来培养自己的品德。不抛却世俗的名利就不能明确自己的志向，不做到清静自守就不能树立并到达远大的目标。

解读

本则格言中提到两个“静”字。“静”在中国哲学史上有丰富的内涵。老子说“致虚极，守静笃”（《老子第十六章》），认为它是进入道的境界时所必须具备的一种精神状态。佛家悟禅也讲究“静坐”，以达到心思澄明，体悟净空法门。文学创作也“贵在虚静”，以清除意念中的杂质，使神志、思想保持纯正。诸葛亮在《诫子书》中的“静”则包括两层含义：一是要安静清明，让内心留有更多理性的空间和思考的时间；二是要恬淡寡欲，让志向明于心之道义而非世之名利。因而，“静”是学的基础，是树立和达到长远目标的基本心态和途径。

君子以宴安①为鸩毒②，富贵为不幸。故溺于情者忘月满之亏，在乎道者知日损之为贵。

——《金楼子·立言篇》

注释

①宴安：逸乐。

②鸩毒：毒酒，毒药。鸩，传说中的一种毒鸟，羽毛有剧毒。

译文

君子以享受安逸娱乐为毒药，以富贵为不幸的事。所以沉溺于一己娱情的人容易忘记月盈则亏的道理，而看重道的人则明白日子渐趋于简单的可贵。

解读

老子云："为道日损，损之有损，以至于无为。"（《老子·第四十八章》）意思是说"闻道"需靠自我修养，要求静观玄览，虚静无为，以情欲自损，复返纯朴。所谓"日损"，就是人们慢慢舍弃各种物欲、情欲，返璞归真的过程，因而为君子所看重。

面对世间众多的诱惑，人们常常追逐或沉溺在名利权色之中，不仅迷失自我，更是将"生于忧患，死于安乐"的箴言抛诸脑后，往往深陷其中难以自拔。而事物的发展总是在到达一个顶峰之后便趋于衰落，有时甚至迅速衰落，所谓喜极而悲、荣极而枯，说的就是这个道理。因此君子十分警戒自满自得的状态，将自己始终保持在戒骄戒躁的平和状态中。若要一直葆有这种平和，就必须摆脱物欲、情欲的纠缠，让内心归于宁静，此是长生无咎之道。

君子亦怨，不误其事。

——（宋）晏殊《解厄鉴》

译文

君子也会有抱怨，但不会耽误正事。

解读

因为抱怨而耽误大事，这就是不善之举。人非圣贤，不可能不遇到困惑、为难之事，有时抱怨一下、发些牢骚是正常的，若因此误事，甚至沉沦，便是对自己和他人的多重惩罚，是极端不负责任的。在困难之时，尽管心存抱怨或不满，但对于该做的工作、该担负的责任等，君子应不受一时情绪的影响，勇敢面对，并设法解决和完成。这样才是向善如一，有始有终。

君子可以寓意[1]于物，而不可以留意[2]于物。寓意于物，虽微物足以为乐，虽尤物[3]不足以为病。留意于物，虽微物足以为病，虽尤物不足以为乐。

——（宋）苏轼《宝绘堂记》

注释

①寓意：寄托，寄情。
②留意：这里指沉迷。
③尤物：指优异的人或物品，亦指美女。

译文

作为一个君子，我们可以把精神寄托在某件物品上，但是不可过分把心思沉迷在上面。如果只是一种精神寄托，纵然物品是微小普通的，也能够给我们快乐；即使物品极其昂贵、充满诱惑，也不会造成玩物丧志的恶果。然而，假如心神沉迷于物品，再微小的物品也能造成危害，再美好的物件也不会带来真正的快乐。

解读

每一个人都有爱好，对于物品的赏玩，如果把握好度，自然能起到愉悦身心、缓解压力的有益作用。譬如一个人，在紧张的工作之余，打一场球、看一场电影，或者去博物馆看一次书画展览，都能起到很好的放松调整作用，之后可以以更加充沛的精力投入工作当中。但是假如陷进去，迷恋上，完全被自己的所谓爱好裹挟，那么就很可能起到完全相反的作用，譬如腐蚀人心，譬如消磨意志。人们常说的“玩物丧志”，就是如此。现实生活中，有些人就是因为对自己的爱好不能慎重把握控制，导致走向歧途。还有些人，掌了权以后，以权力为筹码，让人满足其所谓的个人爱好，譬如有些官员喜欢字画、玉石，那些觊觎他们权力的人，就会想尽办法投其所好。这些官员虽然明知这也是一种赤裸裸的权钱交易，但由于不能够克制自己的爱好，也就欣然接受这种“雅贿”，最终身败名裂。

执拗[1]者福轻，而圆融之人其禄必厚；操切[2]者寿夭，而宽厚之士其年必长。故君子不言命，养性即所以立命；亦不言天，尽人自可以回天。

——（明）陈继儒《小窗幽记》

注释

①执拗：坚持己见，固执任性。

②操切：性格急躁。

译文

固执任性的人福气少，而圆融通达的人福气多；性格急躁的人寿命短，而宽和仁厚的人可以颐养天年。因此君子不说命，修身养性就是奉命；也不说天，尽到自己所应做的就可以扭转天意。

解读

性格决定命运，人生把握在自己的手里。拥有一个从容、平和的心态，看淡得失，把精力都用来努力做好当下一点一滴事情的人，自然会收获成功，赢得美满的人生。美学大师朱光潜倡导“人生的艺术化”，主张“以出世的精神，做入世的事业”，与陈继儒本则格言可参看。

古之君子，行无友，则友松竹；居无友，则友云山。余无友，则友古之友松竹、友云山者。

——（明）陈继儒《小窗幽记》

译文

古代的君子，在操行上没有志同道合的朋友，就和松、竹交朋友；居住的地方没有情趣相投的朋友，就住在云山之间，与云山为友。我没有朋友，就在书中和古代那些与松竹、云山为友的前贤交朋友。

解读

中国人喜群居，其实独处更能和自己的精神对话。在独处中，更容易顿悟世间的一些道理。所以，不必把太多精力放在怎样维持复杂的人际关系上，而应把精力放在怎样不断获取心灵上的力量上。松、竹、云、山，都具有君子的某种品格，与它们为友，能修养身心。古代君子交友极讲究，宁可无友，也不滥交；宁可与云山为友，也不与俗人同流；宁可在书中与古代先贤对话，也不与时俗多言。《易经》中所谓“同声相应，同气相求”，也是表达这一意思。

天地寂然不动，而气机[①]无息稍停；日月昼夜奔驰，而贞明[②]万古不易。故君子闲时要有吃紧[③]的心思，忙处要有悠闲的趣味。

——（明）洪应明《菜根谭》

注释

①气机：阴阳之气的变化。

②贞明：正而明，即正照而光明。

③吃紧：紧迫，紧张。

译文

天地看起来安宁而没有什么运动，但实际上充盈在里面的阴阳之气时时在运动，没有一刻停歇；太阳和月亮昼夜奔驰，它们的光辉自古以来就从没改变。所以君子应该效法自然，在闲暇时要有紧迫感，在忙碌时要有悠闲的情趣。

解读

本则格言说明人应该效法自然，注重闲时吃紧，不要虚度光阴；忙时偷闲，不要过度劳累而损伤身体。效法自然，是先哲们一贯提倡的思想。这样才能科学地安排好自己的生活，既淡定从容，又应付裕如，从而立于不败之地。

君子不可不抱身心之忧，亦不可不耽[1]风月之趣。

——（明）洪应明《菜根谭》

注释

①耽：沉溺，入迷。

译文

君子不能不忧虑修身正心，也不能辜负吟风弄月的雅趣。

解读

君子这一理想人格，一直被塑造为刚毅不屈、庄严不苟的形象。但是到了宋明以后，伴随着时代思潮的变化，文人们又试图在君子人格中追加上一层稍显轻松的色彩，那就是所谓吟风弄月的雅趣。这其实是个性解放、人性觉醒意识在道德伦理领域的自觉反映，应当积极肯定这种改变。因为它使得君子人格在坚守基本伦理原则的前提下，更加丰满、立体，可亲、可爱，这显然有助于君子形象的深入人心。

君子宜净拭冷眼，慎勿轻动刚肠。

——（明）洪应明《菜根谭》

译文

君子应该以冷静的态度来看待事物，切忌感情用事而表现出刚直的个性。

解读

有智慧的人随时都能擦亮双眼，看透事物的因果，以冷静的态度来处理棘手的问题；刚直的人则喜欢直来直去，遇事容易头脑发热，冲动之下往往失去理智，做事不够妥善。当然，人在受到侵犯时最难做到冷静，此时眼易红、头易热，看问题就容易出现偏差，思想就容易偏激，往往会由轻动刚肠到大动干戈，将局面弄得不可收拾。

然而，净拭冷眼、勿动刚肠并非一朝一夕之功，是需要在生活的磨砺中逐渐培养的。在日常的生活、为人处世时要讲究方法，待人有时热情过度，往往会造成主观愿望与客观效果相悖。更何况，世事纷纭、人情难辨，说话之前，须先咽回肚里，三思而后言；行动之时，须先退而向隅，三思而后行。不过，《菜根谭》所言这类处世之道，时有过于圆滑、世故之弊，值得注意和警惕。

风来疏竹，风过而竹不留声；雁渡寒潭，雁去而潭不留影。故君子事来而心始现[①]，事去而心随空。

——（明）洪应明《菜根谭》

注释

①心始现：本性才会显现出来。

译文

清风拂动疏朗的竹林，风一吹过竹林就恢复了静止，没有留下风声；大雁从清寒的潭水上飞过，大雁远去潭水就恢复了空明，没有留下雁影。所以作为一个君子，事情来临的时候心性就开始为之思虑；事情过去了，心思就澄明下来，不再惦念。

解读

佛家有语："心无挂碍，无挂碍故无有恐怖，远离颠倒梦想。"（《心经》）心中没有什么牵挂、惦念，不为物所拘系，便不会心生烦恼，便可以远离尘俗的境界。这与洪应明的话有相似之处。保持心思的澄明，听风吹疏竹，看雁过寒潭，听过看过便罢，并不强留其声其影。世间万事万物，不论是长是短、是苦是乐，都应抱有随遇而安的态度，事情来了就尽心去做；事情过去后，就要恢复到原来的平静，这样才能保持自己的本然真性情，不断应对人生的新问题和新挑战。

士君子持身[1]不可轻[2]，轻则物能挠[3]我，而无悠闲镇定之趣；用意不可重[4]，重则我为物泥[5]，而无潇洒活泼之机。

——（明）洪应明《菜根谭》

注释

①持身：做人态度、原则。

②轻：轻浮，急躁。

③挠：恼乱，烦扰。

④重：过于重视而沉湎其中。

⑤泥：拘泥。

译文

君子平日待人接物绝对不可轻浮急躁，一旦轻浮急躁，就会把事办糟而受到困扰，这样就会丧失悠闲镇定的趣味；对待事情不可想得太多，过于投入，不然就会被外物所束缚和限制，丧失潇洒活泼的生机。

解读

生活中，我们很钦佩那种在危急关头临阵不慌、镇定自若的大将风度。这种风度决非与生俱来，而是由于后天的修持。持身不可轻，用意不可重，可以看作对后天的性格磨炼的要义。轻重是相对的，一个人做事固然不可过于轻率鲁莽，也不可考虑太多，陷得太深。轻与重要把握好适度的原则。

标节义者，必以节义受谤；标道学者，常因道学招尤。故君子不近恶事，亦不立善名，只浑然和气，才是居身之珍。

——（明）洪应明《菜根谭》

译文

一个标榜节义的人，到头来必因为节义而受人毁谤；一个标榜道学的人，经常因道学而招人抨击。因此君子平日不沾染歪风邪气，也不要追求浮名虚誉，只是保持纯朴、和蔼的气度，这才是立身处世的法宝。

解读

做人做事务求保持真性情，不能矫揉造作、曲意逢迎、利欲熏心。有的人做了善事，过于重视名声，通过种种手段如包装炒作来扬名，这也是君子所不取的。保持完美人格、健康心态，凡事注重耕耘，不问收获，往往自然会有好的收获，成就自己的美丽人生。

鹰立如睡，虎行似病，正是它攫[1]人噬[2]人手段处。故君子要聪明不露，才华不逞，才有肩鸿任钜[3]的力量。

——（明）洪应明《菜根谭》

注释

①攫：（鸟兽爪）抓取。

②噬：啃咬吞食。

③肩鸿任钜：肩负重大责任。鸿，通“宏”，大；钜，通“巨”。

译文

老鹰站立好像在打盹，老虎行走好像有病，这正是他们抓人、咬人捕获猎物的手段。所以君子要聪明而不显露，有才华而不炫耀，才能有肩负重任的力量。

解读

本则格言提倡“聪明不露”“才华不逞”，只有谦虚谨慎、大智若愚，才能任重致远。这是一种有智慧的处事法则。人们常说韬光养晦、等待时机，也是这个道理。

君子之辨义也宜严，而论人也宜恕。辨义不严，无以立万世之防；论人不恕，无以开自新之路。

——（清）戴钧衡[①]《书程子论管仲魏徵事后》

注释

①戴钧衡：1814—1855年，安徽桐城人，有奇才，自编《蓉洲初稿》传世。

译文

君子对于道义的辨析是严格的，但是对人物的态度，则应该本着宽恕包容的原则。对道义的辨析不严格，就难以建立起可以被长期遵守的道德法则；对待他人如果不能宽恕包容，就容易阻塞他人寻求自新向上的积极性。

解读

本则格言所论述的是对人对事的两条原则，简而言之，就是对事要严格，对人要宽容。但在现实中，有时会遇到截然不同的做法。有的时候，对于工作中的原则性问题，有人有意无意采取放任的态度，最终造成对规矩法纪的破坏践踏。与之相对应的，还有另外一种极端，就是当别人出现一些失误时，不是在坚持原则的前提下予以包容提醒，善意地给别人改正自新的机会，而是一棍子打死，使本来有机会实现更好发展的同志，自尊心受到打击，积极性也没有得到应有的保护，从而使干事创业的有生力量受到削弱和损害。这两种做法都是错误的。只有将坚持原则与宽容待人有效统一起来，才能推动事业不断向前发展。

辦[1]大事忌怀利，忌争名，尤忌负气争名。负气则不能集众思，广众益矣。怀利之病，小人有之；争名负气，君子不免，所以多偾事[2]也。总之是一“己”字不能克[3]，遂生出如许病痛。（魏世效曰：“国家之患，固患小人之自遂其非，而尤患君子之自信。”）

——（清）方宗诚《俟命录》

注释

①“辦”：辦的古字，办。

②偾（fèn）事：败事。

③一“己”字不能克：一个“己”字不能克服。克己，谓克制私欲，严于律己。

译文

办大事忌讳心怀私利，忌讳争夺名誉，尤其忌讳凭恃意气争夺名誉。意气用事就不能集思广益。心怀私利的毛病，小人多有；而争夺名誉、意气用事，就是君子也免不了，所以多有败事。总之是做不到克制私欲、严于律己，才出现了这么多的毛病。（魏世效说：“国家的忧患，固然以小人的自以为是为忧患，更以君子的自负为忧患。”）

解读

古老的历史长河中，并不乏失败的悲剧人物。楚汉相争时的项羽，是一个“力拔山兮气盖世”的西楚霸王，身边常伴虞姬美人、乌骓骏马，曾拥有数倍于刘邦的军事力量。

但项羽同时又是一个争强好胜的人，负气自重，听不进他人的意见，以致“鸿门宴”上错失了击败劲敌的最佳时机，最终还放弃了乌江边上逃生以待东山再起的小船。一代英雄以自刎的方式陨落，陪伴他的只有“骓不逝兮可奈何，虞兮虞兮奈若何！”项羽将自己的悲剧命运归结为：“天亡我，非战之罪！”将责任推给了命运。然而，真的如此吗？正如方宗诚的这段话所说，办大事，最忌讳的便是负气争名，不能集思广益，因而多败事。是项羽克服不了自己的亢傲之气、好争之心，所以才导致最后的悲壮结局，令人扼腕叹息。

"谦"有三等：君子见得，卑以自牧[①]，乃为学之道，处世之宜，故谦。大人见得，民吾同胞，物为吾与[②]，本不当慢[③]一人、轻[④]一物，故谦。圣人则无意于谦，只是见得道无穷尽，己心常觉不足，故其温恭谦让，自然流露于威仪言词之间，而不自知要之皆吉德[⑤]。

——（清）方宗诚《志学录》

注释

①卑以自牧：卑谦自励。牧，放牧，引申为治理。

②民吾同胞，物为吾与：意谓世人，皆为我的同胞；万物，俱是我的同辈。谓泛爱一切人和物。

③慢：动词，怠慢。

④轻：动词，轻视。

⑤吉德：高尚的品德。

译文

"谦"有三个层次：一是在君子身上能看得见，谦卑自守，是做学问和处世的原则，所以谦。二是从有道德的人身上能看得出，世人皆是我们的同胞，万物俱是我们的同类，原本就不应当怠慢人、轻视物，所以谦。三是圣人从来没在意过谦卑，只是看到天地万物运转规律无穷无尽，常觉自己不足，因而他的温和恭敬、谦虚退让，都自然而然地在威仪的言语间流露，自己却不知道这些都是高尚的品德。

解读

本则格言说明，不管是君子、有道德的人，还是圣人，“谦”是他们共同的品德。君子与生活学习相关、有道德的人与世间万物相关、圣人与天地间运行的自然规律（造物者）相关，在这些方面若想不断探求、不断进步，必须有着恭敬谦虚的态度。本则格言最重要的贡献不在于揭示出了三个层次的“谦”，而在于说明“谦”不是一种刻意的约束，不是表面的装扮，而应是性情的自然流露，是一种对知识、人世、万物、大道的敬畏，以及对自我渺小、认识匮乏、境界未满的清醒认识。一个追求上进的人，应该时刻葆有这种品格。

附录

君子俗语

1. 忠于诺言是君子，不讲信用是小人。

2. 讲理者君子，行蛮者小人。

3. 德胜才为君子，才胜德为小人。

4. 居高善下真君子，将有视无大丈夫。

5. 小人记仇，君子长志。

6. 君子不掠人之美。

7. 君子不夺人所好。

8. 君子救人之急，不救人之穷。

9. 小人乐闻君子过，君子耻闻小人恶。

10. 君子成人之美。

11. 君子争礼，小人争利。

12. 君子不以暗昧失礼。

13. 君子无所适，所适惟礼仪。

14. 君子盼得天下富，小人发得一人财。

15. 君子笑懒不笑穷，小人顾口不顾身。

16. 君子记恩不记仇。

17. 恃强凌弱非君子。

18. 有过而能改，不失为君子。

19. 认差不失君子。

20. 君子之心公而恕，小人之心私而刻。

21. 小人狡猾心肠歹，君子公平托苍生。

22. 君子不怕明算账，小人贪恋不义财。

23. 贪便宜者非君子。

24. 棋中不语真君子，财上分明大丈夫。

25. 直爽坦白真君子，笑里藏刀是歹人。

26. 君子坦荡荡，有话当面讲。

27. 君子不欺暗室。

28. 君子略尝滋味，小人撑死不足。

29. 君子吃滋味，小人胀不足。

30. 皇上吹的玉石喇叭——君子所好（号）不同。

31. 君子一言，驷马难追。

32. 君子言先不言后。

33. 君子用嘴说，牛马用脚踢。

34. 明人不做暗事，君子不说假话。

35. 君子一言，快马一鞭。

36. 君子当面骂人，小人背地说话。

37. 君子说话，如笔泼墨。

38. 逢人只说三分话，君子旁边有小人。

39. 君子动口不动手。

40. 君子看自己行踪，孔雀看自己花翎。

41. 君子爱惜自己的羽毛。

42. 君子有容人之量，小人存忌妒之心。

43. 量小非君子，德高乃丈夫。

44. 君子绝交无恶言。

45. 君子不念旧恶。

46. 君子不计前仇。

47. 君子度其智，小人度其仇。

48. 君子不同牛斗力。

49. 宁愿得罪君子，不能得罪小人。

50. 以小人之心，度君子之腹。

51. 君子问灾不问福。

52. 君子报仇，十年不晚；小人报仇，从早到晚。

53. 君子报仇，直待三年；小人报仇，只在眼前。

54. 君子爱财，取之有道。

55. 君子无德怨自修。

56. 义动君子，利动小人。

57. 君子论理不论数。

58. 有恩不报非君子，忘恩负义是小人。

59. 人多君子稀。

60. 君子淡淡如水，小人蜜里调油。

61. 君子之交淡如水，小人之交甜如蜜。

62. 君子如淡水，岁久情愈真。

63. 雪中送炭真君子，锦上添花是小人。

64. 赌场无君子。

65. 小人易亲，君子易退。

66. 近君子，远小人。

67. 宁肯与君子提鞋，不肯与小人同财。

68. 结交结君子，栽树栽松柏。

69. 先小人，后君子。

70. 君子安贫乐道。

71. 君子不与命争。

72. 知足称君子，贪婪是小人。

73. 君子之心可大可小，丈夫之志能屈能伸。

74. 君子无本行不得。

75. 君子负财不负本。

76. 小人逐末，君子务本。

77. 大人不记小人过，君子休听小人言。

78. 有事但逢君子说，是非休听小人言。

79. 谗言败坏君子，冷箭射死忠臣。

80. 锁得君子，锁不了小人。

81. 防得了君子，防不了小人。

82. 只防君子，不防小人。

83. 君子斗智不斗力。

84. 小人智短易盈，君子见深难溢。

85. 见义勇为真君子，莫以成败论英雄。

86. 事急无君子。

87. 君子二十不算多，小人一个不算少。

88. 君子道其常。

89. 行行出君子，行行出小人。

90. 行行出君子，处处有能人。

图书在版编目(CIP)数据

君子格言选释/钱念孙等选著.—合肥:黄山书社,2016.10

ISBN 978-7-5461-5692-7

Ⅰ.①君… Ⅱ.①钱… Ⅲ.①格言-汇编-中国 Ⅳ.①H136.33

中国版本图书馆CIP数据核字(2016)第249514号

策划编辑 汤吟菲 张向奎
责任编辑 张向奎
装帧设计 观止堂_未氓
出版发行 时代出版传媒股份有限公司(http://www.press-mart.com)
黄山书社(http://www.hspress.cn)
地址邮编 安徽省合肥市蜀山区翡翠路1118号出版传媒广场7层(230071)
印　　刷 合肥精艺印刷有限公司
版　　次 2016年11月第1版
印　　次 2016年11月第1次印刷
开　　本 700mm×1000mm 1/16
字　　数 220千字
印　　张 22.75
书　　号 ISBN 978-7-5461-5692-7
定　　价 38.00元

服务热线 0551-63533706

销售热线 0551-63533761

官方直营书店(http://hsssbook.taobao.com)